Fidel Castro

W0048251

rowohlts monographien
begründet von
Kurt Kusenberg
herausgegeben von
Uwe Naumann

Fidel Castro

Dargestellt von Frank Niess

Rowohlt Taschenbuch Verlag

Umschlagvorderseite: Fidel Castro salutiert dem ehemaligen
Präsidenten von Nicaragua Daniel Ortega bei dessen Ankunft
auf dem Flughafen von Havanna, Juni 1988
Umschlagrückseite: Fidel Castro in der Sierra Maestra, 1958
Fidel Castro in Anzug und Krawatte vor der UNESCO in Paris, 1995

Seite 3: Silhouette Fidel Castros während einer Rede,
Kuba, um 1960

Seite 7: Fidel Castro, 1985

Originalausgabe
Veröffentlicht im Rowohlt Taschenbuch Verlag,
Reinbek bei Hamburg, April 2008
Copyright © 2008 by Rowohlt Verlag GmbH,
Reinbek bei Hamburg
Umschlaggestaltung any.way, Wiebke Jakobs,
nach einem Entwurf von Ivar Bläsi
Redaktionsassistenz Katrin Finkemeier
Reihentypographie Daniel Sauthoff
Layout Gabriele Boekholt
Satz PE Proforma *und* Foundry Sans *PostScript,*
InDesign 4.02
Gesamtherstellung CPI – Clausen & Bosse, Leck
Printed in Germany
ISBN 978 3 499 50679 6

INHALT

Ein Mann der Superlative

Es gehörte schon ein beträchtliches Maß an Understatement dazu, wenn jemand wie Fidel Castro, für Jahrzehnte der mächtigste Mann auf Kuba, dabei international bekannt und respektiert, gefragt nach dem historischen Rang, den er sich selbst zuerkennen würde, kundtat, er werde ein Seufzer in der Geschichte sein. Kaum zu glauben diese Uneitelkeit bei einem Mann, den Zeitgenossen als eine christusähnliche Erscheinung verehrt und in den Himmel gehoben haben. Man mochte es dem Máximo Líder nicht glauben, dass er damit rechnete, bald nach seinem Tod in Vergessenheit zu geraten.

Fidel Castro Ruz hat die kubanische Geschichte seit 1959 de facto als Alleinherrscher geprägt und auf der internationalen Bühne, weit über die Grenzen der Insel hinaus, die Interessen der sogenannten Dritten Welt, der Bewegung der Blockfreien und der Gegner der Globalisierung spektakulär vertreten. «Castro war nicht nur das Volk. Er war die Verkörperung der Geschichte Kubas», resümiert einer seiner Biographen.[1]

Kaum ein Politiker hat eine so fulminante Resonanz auf seine Reden gefunden wie er, weltweit und national. Die Reden, die er vor einem Millionenpublikum unter freiem Himmel, auf dem Platz der Revolution in Havanna, in der Provinz oder vor allem im Radio und Fernsehen gehalten hat, sind Legion. Wann immer es hieß «Hablara Fidel», Fidel wird sprechen, scharten sich die Kubanerinnen und Kubaner in großer Zahl um die Radio- und Fernsehgeräte, um aus dem Munde ihres Máximo Líder Aktuelles über die Weltpolitik und vor allem die neuesten Beschlüsse der Regierung zu erfahren, mit allen Folgen für das Alltagsleben. Castros Präsenz in den Medien setzte am 1. Januar 1959 ein, mit seiner Radioansprache nach dem Einmarsch der Rebellenarmee in Santiago de Cuba, die zweitgrößte Stadt auf der Insel.[2]

LA HABANA, LUNES 25 DE JULIO DE 1983 / AÑO DEL XXX ANIVERSARIO DEL MONCADA / AÑO 19 / No. 175 / PRECIO: 5 CENTAVOS / CIERRE: 8:00/**/PRIMERA EDICION

Granma

ORGANO OFICIAL DEL COMITE CENTRAL DEL PARTIDO COMUNISTA DE CUBA

XXX ANIVERSARIO DEL ASALTO AL MONCADA

HABLARA FIDEL MAÑANA EN SANTIAGO

● El acto será a las 6 de la tarde ● Lo trasmitirán a todo el país la radio y la televisión nacionales y Radio Habana Cuba

Aufruf zur Versammlung in Santiago de Cuba zum 30. Jahrestag der Revolution: «Hablara Fidel mañana en Santiago» (Morgen spricht Fidel in Santiago)

Das Echo auf seine Reden und Interviews, seine weltweit mit großem Interesse verfolgten Auftritte vor internationalen Organisationen, seine Bücher et cetera, all das schien ihn in seinem politischen Narzissmus zu bestärken. Er schwelgte offenbar in Allmachtsphantasien, als er einst eine Zwischenbilanz seines politischen Lebens zog, mit den Worten seines «Autobiographen» Norberto Fuentes: *An Siegen, Triumphen, Orden und applaudieren- den Menschenmengen mangelt es mir wahrlich nicht; vielleicht ist kein anderer in der Weltgeschichte so bejubelt, von so vielen Präsidenten und Würdenträgern empfangen worden, ja womöglich konnte kein anderer so viele große Leistungen für sich verbuchen wie ich.*[3]

Wenige Politiker aus der Zeit nach dem Zweiten Weltkrieg haben derart lange öffentliche Ansprachen gehalten wie er, vermerkt sein Biograph Robert E. Quirk, vier-, fünfstündige Reden waren keine Seltenheit.[4] Eine schier unglaubliche Vitalität bewies er auch bei Interviews mit handverlesenen Journalisten – meist bis tief in die Nacht, nicht selten bis zur Morgendämmerung. Es war diese außergewöhnliche Leistungs- und Konzentrationsfähigkeit, die ihn stark gemacht hatte. Mehr als zehn Stunden, auf drei Tage verteilt – vom 18. bis 20. April 1992 –, dauerte ein Gespräch mit dem Comandante de la Revolución Sandinista, Tomás Borge. Beginn: um zwei Uhr nachts; dreimal hintereinander sah der Gast aus Nicaragua die Sonne über Havanna aufgehen.[5] Die «Nachtgespräche mit Fidel», die der bekannte brasilianische Dominikaner Frei Betto mit dem einstigen Jesuitenschüler Fidel Castro 1985 führte, vor allem über das Thema Religion, zogen sich über dreiundzwanzig Stunden hin.[6] Nicht anders erging es dem italienischen Journalisten Gianni Miná. Nach seinem Marathon-Interview, das Stoff für ein ansehnliches Buch hergab, war der einzige aller Beteiligten, der keine Ermüdungserscheinungen zeigte, Fidel Castro. In einem Anflug von (Selbst-)Ironie attestierte er dem Aufwand für dieses Interview dann auch einen *karibischen Rekord.*[7]

Castro war in der Tat ein Mann der Superlative. Er schaffte es, zehn US-Präsidenten buchstäblich zu überleben. Hatten sie doch alle, angefangen bei Dwight D. Eisenhower, versucht, den missliebigen kubanischen Präsidenten zu beseitigen, damit er nicht weiterhin die wirtschaftlichen und geostrategischen Interessen der USA stören und für den Kommunismus werben konnte. Allein zwischen 1960 und 1965 entwarfen die mehr oder weniger intelligenten Mitarbeiter der «Central Intelligence Agency», CIA, acht Mordpläne, wie ein Untersuchungsausschuss des Senats offiziell bestätigte.[8] Mittlerweile geht man von mehr als 600 Attentatsplänen aus. Wenn es eine olympische Disziplin im Überleben von Attentaten gäbe, merkte Fidel Castro einmal sarkastisch an, dann wäre er allemal der Sieger.[9]

Während ihn die einen als «Störfaktor» ansahen, rühmten ihn andere hymnisch als eine der führenden Gestalten der Geschichte. Für den ecuadorianischen Maler Oswaldo Guyasamín ist er «der vollkommenste Mensch, der mir je begegnet ist»[10]. Als «einen Mann mit hypnotisierendem Charme und enzyklopädischem Wissen» hat ihn Biograph Peter G. Bourne erlebt.[11] Für die einen galt er (und gilt er noch) als die «Reinkarnation des Nationalheiligen José Martí»; für andere ist er «der fleischgewordene Jesus Christus».[12] Die damalige Korrespondentin der «New York Times», Ruby Hart, vermerkte: «Während ich Castro beobachtete, wurde mir die Magie seiner Persönlichkeit bewusst. […] Er nahm seine Zuhörer gefangen, fast auf eine hypnotische Weise, brachte sie dazu, an seine Vorstellung von der Aufgabe einer Regierung und der Bestimmung Kubas zu glauben.»[13] *Ich bin die Revolution,* verkündete er, oder: *Die Geschichte der Revolution und meine Biographie sind ein und dasselbe.*

KINDHEIT UND JUGEND

ALS GUERILLERO GEBOREN?

Castros Kindheit und Jugend liegen in «mythischem Halbdunkel», wie der Biograph Hugh Thomas schreibt.[14] Schon das genaue Geburtsdatum gibt Rätsel auf. Er sei am 13. August 1927 geboren worden, heißt es in den großen Lexika[15], tatsächlich war es wohl ein Jahr früher. Wäre über das offizielle Statement der Kubanischen Botschaft hinaus noch eine Versicherung dessen nötig, dann hat sie Fidel Castro selbst in einem Gespräch mit dem brasilianischen Dominikaner Frei Betto im Frühjahr 1985 gegeben: *Ich bin 1926 geboren, im Monat August, am 13. August genau, ich glaube, es war um zwei Uhr morgens. [...] Ich bin wohl schon als Guerillero geboren, denn schließlich bin ich mitten in der Nacht auf die Welt gekommen.* Gefragt, ob die Zahl 26 eine Symbolik für sein Leben habe, erklärte der Máximo Líder: *Nun, ich bin 1926 geboren. Ich war 26 Jahre alt, als ich den bewaffneten Kampf aufnahm. Und ich bin an einem 13. geboren. Das ist die Hälfte von 26.*[16] Nicht zu vergessen der 26. Juli 1953, an dem eine Hundertschaft junger Oppositioneller die «Moncada», die zweitgrößte Zitadelle der Batista-Diktatur, hatte stürmen wollen, um sich aus dem Arsenal dieser festungsartigen Kaserne Waffen für ihren Kampf zu beschaffen.[17] Und: In 26 Wagen brachen die Rebellen nach Santiago de Cuba zum «Unternehmen Moncada» auf, um Fulgencio Batista zu stürzen, der am 10. März 1952 durch einen Staatsstreich kubanischer Präsident geworden war.

Castros Vater Ángel Castro y Argiz (1875 – 1956) stammte aus Galicien im Nordwesten Spaniens, einer der ärmsten Regionen auf der Iberischen Halbinsel. Er war zum Militärdienst eingezogen und bald darauf nach Kuba verfrachtet worden, um dort, wo nicht einmal General Valeriano Weyler y Nicolau, genannt «der Schlächter», mit den aufständischen Kubanern fertiggeworden war, die spanischen Truppen zu verstärken. An die 250 000 Soldaten ließ die spanische Regierung am Ende gegen die kubanischen Rebellen, die Mambisen, aufmarschieren, darunter also Ángel Castro.[18] Der Sieg in diesem zweiten Unabhängigkeitskrieg (1895 – 98) war für die Kubaner zum Greifen nah, da mischten sich die USA im Frühjahr 1898 in den Konflikt ein. Für ihre Flotte hochmoderner Schlachtschiffe und ihre weit überlegenen Landstreitkräfte, darunter die «Rough Riders» unter dem Kommando von Oberstleutnant Theodore Roosevelt, dem späteren US-Präsidenten, war es ein Leichtes, die marode Kolonialmacht Spanien niederzuringen.

Der Vater Ángel Castro

Als «splendid little war» ist dieser Waffengang in die Geschichte eingegangen – ein glänzender kleiner Krieg, weil Washington in kürzester Zeit bei minimalem Einsatz und geringsten Verlusten den größten Gewinn hatte einstreichen können.

Bald nach ihrem Sieg zwangen die USA die spanische Regierung zur Räumung der Insel.[19] Für Ángel Castro bedeutete dies die Rückkehr ins heimische Galicien, in eine elende Existenz, mit Knochenarbeit auf den kärglichen Feldern und einer erbärmlichen Hütte als Bleibe. Ihm ging es wie vielen anderen Soldaten, die Kuba vielleicht nicht gerade mit der Emphase eines Christoph Kolumbus als «das schönste Land» priesen, «das menschliche Augen jemals gesehen» hatten; denen die «grüne Insel» jedoch als besonders attraktiv im

Die Mutter Lina Ruz

Gedächtnis blieb: Alle träumten von Kuba. Im Kontrast zur rauen Wirklichkeit Galiciens schwelgte man in den Erinnerungen an den quirligen Hafen von Havanna, an schwatzhafte Papageien im Urwald, an wohlschmeckende Früchte und natürlich immer wieder an schöne Frauen.[20]

Nicht wenige der armen Soldaten, die bei ihrer erzwungenen Rückkehr in die Heimat feststellen mussten, dass für sie kein Platz mehr in Spanien war, schon gar kein Arbeitsplatz, machten kehrt. Die sündhaft teure Überfahrt nach Kuba auf dem Dampfschiff «Lerland», unter deutscher Flagge, die sie nun selbst zu bezahlen hatten, mit sanitären Verhältnissen an Bord, die zum Himmel stanken, einer lausigen Verpflegung und einer Unterbringung, die an die Sklaventransporte früherer Zeiten erinnerte, war ein Aufbruch ins Ungewisse und alles andere als die Anfahrt zum Paradies.[21] Nach zwei Wochen auf hoher See in Havanna angekommen, sahen die Galicier, oft noch von der Seekrankheit gezeichnet, harten Zeiten entgegen. Wenn sie überhaupt Arbeit fanden, dann allenfalls solche, die andere verschmähten. Als Sackträger zum Beispiel oder als Kohlenverkäufer, als Putzer oder Besenhändler. Mit ihnen ließ sich so ziemlich alles machen, galten sie nach den gängigen Vorurteilen doch als geistig etwas minderbemittelt.

Ganz anders das Schicksal Ángel Castros. Er wusste, was er wollte, und hielt sich gar nicht lange in Havanna auf. Als hätte die Parole «Go East!» geheißen, machte er sich auf den Weg in die Provinz Oriente. Er hatte das richtige Gespür, als er sich bei Birán, in der Nähe von Mayarí, 20 Meilen landeinwärts, niederließ. «In kaum einer anderen Region Kubas konzentrierten sich auf ähnliche Weise Macht und Einfluß der Nordamerikaner.»[22] Amerikanische Firmen, allen voran die berühmt-berüchtigte United Fruit Company (UFC), «hatten ganze Landstriche aufgekauft, Wälder gerodet und Zuckerraffinerien, Eisenbahnstrecken und Straßen gebaut»[23]. Die UFC hatte für ihre Angestellten in der Umgebung des Städtchens Banes ein «Little America» errichten lassen, mit Supermarkt, Swimmingpools, Polo-Clubs, eigener Schule und Krankenhaus, und es wie eine Wagenburg gegen unerwünschte Besucher – sprich Kubaner – abgeschottet. Fidel Castro sollte diese Anlage später heftig kritisieren.

Ángel Castro konnte von dem Boom im «wilden Osten» beträchtlich profitieren: als Angestellter der Nipe Bay Railway Company, die zum Imperium der UFC gehörte, und als fliegender Getränkehändler. Vor allem war Castro sen. am Erwerb von Grund und Boden interessiert. Klein fing er an, mit einem Stück Land von der United Fruit Company. Seine «Hacienda Mañacas wuchs auf über 10 000 acres (48 Hektar) an und gehörte bald zu den größten im Umkreis»[24]. Ob es bei der stetigen Expansion Castros immer mit rechten Dingen zuging oder nicht – der Erfolg gab ihm recht. 1950 taxierte man sein Vermögen auf eine halbe Million US-Dollar.[25]

Mehr als fünfhundert Bewohner der Region sollen für den Aufsteiger aus Galicien in der Zuckerproduktion tätig gewesen sein. Freimütig gestand Fidel Castro später ein, dass er beschämend wenig über seinen Vater wisse. Nach Bildern von damals zu schließen, war er ein kräftiger, etwas ungehobelter, dickköpfiger und entschlossener Mann, der keine Arbeit scheute und den die harschen Lebensbedingungen in diesem wilden und zerklüfteten Teil der Insel nicht abschreckten. Seine hochfahrende Art, die mit den geschäftlichen Erfolgen noch unerträglicher wurde, mussten die Kinder klaglos hinnehmen. Der Jähzorn, der ihn sporadisch packte, und seine – wohl auch gewalttätigen – Wutanfälle machten der Familie das Leben schwer. Es waren keine sittsam «geordneten» familiären Verhältnisse, in die Fidel Castro hineingeboren wurde.

Aus der ersten Ehe seines Vaters mit einer Lehrerin gingen zwei Kinder hervor: Pedro Emilio und Lidia. Noch zu Lebzeiten seiner ersten Frau gebar ihm Lina Ruz Gonzáles, ein junges Mädchen aus Pinar del Río, das in seinem Haus als Köchin angestellt war, fünf weitere Kinder: Ramón, Fidel, Juana, Emma und Raúl.[26]

Vater Ángel regierte sein kleines Imperium mit harter Hand. Allein seine stattliche Gestalt konnte so manchen Konflikt im Keim ersticken. Wann immer es Familienzwist und Zerwürfnisse im Hause Castro gab: Fidel war zumeist daran beteiligt. «Es scheint so, dass Castro schon in ganz jungen Jahren seinen Weg gefunden und jegliche Form von Autorität zurückgewiesen hat und damit freilich

Fidel Castro im Alter von drei Jahren

auch manche Freundlichkeit und besondere Aufmerksamkeit, die ihm zugedacht war.»[27]

Wenn man Fidel etwas verwehrte, konnte er cholerisch reagieren. Und wenn er sich von einem Lehrer ungerecht behandelt fühlte, verließ er unter Protest die Schule und rannte nach Hause, meistens zur Mutter als Verbündeter. Lina Castro hat zwar oft ihren ältesten Söhnen Ramón und Fidel, wenn sie allzu ungebärdig waren, Prügel mit einem Gürtel angedroht, doch dazu ist es kaum jemals gekommen. In der Regel ging Fidel straflos aus, wenn er seine Mutter nur ernst und schuldbewusst genug bei der Strafpredigt ansah und wenn es von ihm keine Widerworte gab.[28]

Im Rückblick auf seine Kindheit erklärte Castro später, dass er mit elf Jahren sein eigener Herr gewesen sei und gemacht habe, was er wollte. Sport vor allem, in den verschiedensten Sparten: Basketball, Fußball und Jai Alai, ein Ballsport, den baskische Einwanderer in die USA mitgebracht hatten und der sich in Florida bis heute besonderer Beliebtheit erfreut. Mit dreizehn Jahren nutzte Fidel die Sommerferien, um einen Streik der Zuckerarbeiter gegen ihren Boss, Vater Ángel Castro, zu organisieren. Fünf Jahre später machte er dem Vater die Hölle heiß wegen des «Kapitalismus», der auf der Hacienda Mañacas herrschte. Er bezichtigte seinen Vater des «Missbrauchs» der Arbeiter unter «falschen Versprechungen».

Die herbe Kritik hinderte den Sohn aber nicht daran, sich von dem verfemten Kapitalisten bis ins Erwachsenenalter aushalten zu lassen. Der Jurastudent Fidel konnte sich auf das Unterhaltsgeld verlassen, das ihm der Vater jeden Monat pünktlich übersandte.[29] Und er hielt auch noch nach Abschluss des Studiums die Hand auf.

Dass er den Vater so manches Mal verunglimpft hatte, schien er später zu bereuen. Obwohl er ihn den Großgrundbesitzern mitsamt ihrer herrischen Ideologie zuordnete, bezeichnete er ihn andererseits als einen noblen Mann, der nicht nein sagen konnte, wenn er um Hilfe gebeten wurde. Was an dem Unternehmer Castro dem Sohn Fidel besonders imponierte, war das Gespür für soziale Nöte und die Bereitschaft, etwas dagegen zu tun. So erinnerte sich Castro jun. später, dass sein Vater die Zuckerrohrfelder öfter hatte jäten lassen, als es nötig gewesen wäre, um Zuckerrohrschneidern von benachbarten Plantagen in amerikanischem Be-

Die Finca Mañacas, Geburtshaus Fidel Castros in Birán, in der Provinz Oriente, bewacht von einem Sicherheitsbeamten, 2003

sitz Arbeit zu verschaffen.[30] Das war umso fürsorglicher, als alle «macheteros» einem ehernen Naturgesetz gleich ein halbes Jahr saisonaler Arbeitslosigkeit überstehen mussten, während der «toten Zeit» zwischen den Ernten.

Als wollte er postum Abbitte leisten für so manche Demütigung, die er dem Vater angetan hatte, fand er später freundliche Worte für das Familienoberhaupt. Er respektierte den Vater. Mehr allerdings auch nicht.

KINDERJAHRE IM «WILDEN OSTEN»

Fidel Castro konnte zornig werden, wenn später seine Biographen *die Ursachen der kubanischen Revolution in meiner Kindheit zu entdecken glauben*[31], vor allem natürlich in dem prägenden Einfluss des schwierigen Vaters. Es sei ihm und seinen Geschwistern gutgegangen auf der väterlichen Finca Mañacas, widersprach Fidel Castro solchen Stereotypen.

Vielleicht ließ ihn die Altersmilde seinen Vater mit anderen Augen sehen; so habe der sich nicht hinter den Mauern seines

Reichtums verschanzt, sondern ein offenes Haus geführt. Alejandro Fidel Castro Ruz, wie der ungestüme und selbstsüchtige Sohn mit vollem Namen hieß, betonte auch, dass es keine sozialen Barrieren gab zwischen den Kindern von der Finca und den Spielgefährten, die in erbarmungswürdiger Armut lebten und, wenn überhaupt, barfuß oder in zerschlissenen Kleidern in die Schule gehen mussten. *Ich lebte in Kontakt mit der Natur und recht frei in der damaligen Zeit.*[32]

Es war, gerade im Vergleich mit dem Elend, in dem viele Altersgenossen verkümmerten, eine recht ungezügelte Kindheit, die Fidel Castro im «wilden Osten» in und um Mañacas verlebte; in dem pfahlbauartigen Holzhaus, in dessen erstem Stock sich das Familienleben abspielte, während sich darunter, im Souterrain, die Schweine suhlten.

Der verschlossene und von der Arbeit geradezu besessene Vater und die trotz ihrer Religiosität durchaus auf irdisches Wohlergehen bedachte Mutter waren so beschäftigt, dass sie sich oftmals gar nicht um die Kinder kümmern und sie folglich auch gar nicht recht erziehen und ihnen Grenzen setzen konnten. Damit taten sich für die Castro-Kinder viele Chancen auf, die Umwelt auf eigene Faust zu erkunden und eigene Erfahrungen zu machen.

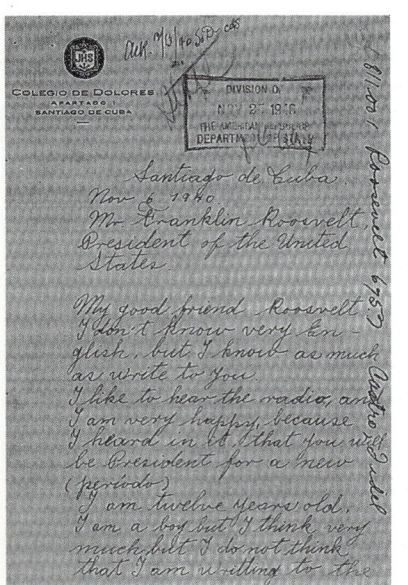

Mutter Lina «verfügte kaum über Bildung, wohl aber über große Stärke. Wie die Mütter so vieler erfolgreicher Männer verband auch sie Wärme und Zuneigung mit Ansprüchen und dem Wunsch, dass es ihre Kinder im Leben zu etwas bringen sollten.»[33] Viele Biographen betonen,

Brief des vierzehnjährigen Fidel Castro an Franklin D. Roosevelt

dass Fidel Castro aus einer gutkatholischen, besonders religiösen Familie stammte. Dies traf gewiss auf seine Mutter zu, die als eine eifrige Christin beschrieben wird.[34] Zugleich erbat sie Schutz von den Orishas, afrikanischen Gottheiten, die mit den Sklaven nach Kuba gelangt waren. Die Santería, die kubanische Volksreligion, war aus ihrem Leben nicht wegzudenken.

Wiewohl sein Vater also sehr begütert war, betonte Fidel Castro immer wieder, dass er nicht der Kultur der Reichen entstamme und in Gemeinschaft mit den einfachsten Leuten aufgewachsen sei.[35] Ganz in der Nähe des stattlichen Castro-Hauses säumten traurige Reihen von einfachsten Bohíos, Elendshütten, die Lehmwege, die zur Eisenbahn hinführten. Dort hausten auf nacktem Boden Haitianer, die von der Nachbarinsel eingewandert waren, um Arbeit im Zuckerrohr zu finden. Bei den sonntäglichen Hahnenkämpfen kam es oft zum Streit. Nicht selten floss Blut. Das Leben schien bei den Einwanderern in Schmutz und Elend zu versinken. Sozialer Anschauungsunterricht für die Castro-Brüder, die freilich das Privileg genossen, beim Fischen, Jagen oder Reiten in den Bergen, wo zwischen den hohen und weitausladenden Kiefern immer eine frische Brise wehte, diesem niederdrückenden Ambiente entfliehen zu können.

Als das offizielle Spanien und Lateinamerika im Juli 1992 den 500. Jahrestag der «Entdeckung» Amerikas feierten, ergab sich für den damals sechsundsechzigjährigen Fidel Castro am Rande des Iberoamerikanischen Gipfeltreffens in Madrid die Möglichkeit, erstmals das kleine Steinhaus in San Pedro Láncara im Nordwesten Spaniens zu besuchen, in dem sein Vater zur Welt gekommen war und gelebt hatte. Bei dieser Gelegenheit durchbrach er kurzfristig sein beharrliches Schweigen über seine Familie und sein Privatleben. Was er fühle, da er nun das Haus seines Vaters betrete, fragte man ihn. *Zuneigung [...]. Der alte Mann hatte oft Heimweh. Er erzählte mir immer von den Zeiten, als er Soldat auf Kuba war während des Krieges gegen die USA. Er wollte dorthin zurückkehren, und das tat er auch. Mein Vater war sehr arm, aber ein fleißiger Arbeiter. Er war Herr über einige Bauern. Später, als sich die Lage verbesserte, arbeitete er als Koch im Haus. Er war ausgesprochen reizbar. Ich kann mich nur daran erinnern, dass er mit uns geschimpft hat. Ich erinnere mich auch an die Traurigkeit meines Vaters.*[36]

SCHULE UND STUDIUM

In der Obhut von Jesuiten

In vielen Regionen der Dritten Welt ist «Schule» auch heute noch ein ungesichertes Unternehmen. Schon deshalb, weil viele Kinder die Schulbank vorzeitig verlassen und arbeiten gehen müssen, damit die Familie überleben kann. So war es auch auf Kuba, zumal im Hinterland, an einem so abgelegenen Ort wie Birán. Von einem einigermaßen entwickelten Bildungssystem konnte auf der Insel keine Rede sein. Man musste sich behelfen. Zum Beispiel mit einer Lehrerin, die von Santiago de Cuba nach Birán herüberkam, um dort zwanzig Kinder zu unterrichten. «Die Schüler lernten ein wenig Lesen, Schreiben und Rechnen und wurden darüber hinaus mit Dingen wie dem Singen der Nationalhymne beschäftigt.» [37]

Viel kann es nicht gewesen sein, was die Schüler unter solchen Umständen lernten. Vater Castro hatte Lesen und Schreiben erst als Erwachsener gelernt. Entsprechend war er bestrebt, seinen Kindern beizeiten eine solide und standesgemäße Ausbildung angedeihen zu lassen. Dafür überwand er auch seine tiefe Abneigung gegen alle Formalitäten und holte nach, was die Kirchenoberen von ihm verlangten, bevor sie die Castro-Brüder in ihre pädagogische Obhut nehmen wollten: Er ließ sich mit Lina Ruz Gonzáles trauen. Von nun an war Fidel kein unehelicher Sprössling mehr. Was noch fehlte, war die Taufe. Die wurde bald nachgeholt, und damit hörten die Sticheleien der Mitschüler auf.

«Es gab keine Frauen, kein Glücksspiel. Häufig sagte ich zu meiner Frau: ‹Fidel ist überhaupt kein echter Kubaner, denn er mag keine Musik und keinen Alkohol.› Sein einziges Laster bestand darin, dass er kubanische Zigarren rauchte.»
Orlando Cárdenas, Geldgeber für Castros Guerilla

Fidel Castro beklagte sich zwar später über das System von Strafe und Belohnung, dem er in der Jesuitenschule unterworfen wurde. Doch schien er sich in die religiöse Konvention des Betens, Beichtens und Büßens williger und auch listiger eingefügt zu haben als sein jüngerer Bruder Raúl, der das Kolleg nur abscheulich fand. Trotz aller Zwänge und

Strenge blieb dem Jesuitenzögling Freiraum genug, sich seinem größeren Interesse zu widmen, dem Sport.

Über mangelnde Aufmerksamkeit brauchte sich Fidel Castro während seiner Schulzeit kaum zu beklagen. Aber einige Male scheint ihn doch der Teufel geritten zu haben, als er meinte, einen halsbrecherischen Beweis für seine angehende Männlichkeit liefern zu müssen. So führte er eines Tages dem staunenden Publikum vor, wozu ein eiserner Wille befähigen kann: Gezielt und ungebremst fuhr er mit dem Fahrrad auf eine Mauer auf. Der Preis für diese pubertäre Mutprobe war eine Gehirnerschütterung. «Oder er droht seinem Vater, die Hacienda anzuzünden, falls dieser, wie angekündigt, ihn nicht mehr in die Schule nach Santiago zurückgehen lässt.»[38] Nachdem er mit seinem Bruder Raúl in der Dolores-Schule in Santiago im Speisesaal eine kleine Revolte gegen die mageren Essensrationen angezettelt hatte, mussten die beiden Castros die Schule verlassen. 1942, als Sechzehnjähriger, wechselte Fidel auf das Jesuitenkolleg Belén in Havanna über – angeblich die beste Schule Kubas.[39]

Man kann kaum glauben, dass er anfänglich als schüchtern und zurückhaltend galt. Aber dabei ist es auch nicht geblieben, wie man weiß. Fidel Castro war alles andere als ein blässlicher Eleve, der nur, wenn er gefragt wurde, den Mund aufmachte. Schon die täglichen Spitzen gegen den «Bauernsohn» aus dem hintersten Oriente forderten ihn zur Gegenwehr heraus. Er scheute öffentliche Auftritte nicht. Zumal er an Statur gewonnen hatte. So wie er bei sportlichen Wettbewerben oft als Erster durchs Ziel ging, war er auch intellektuell seinen Mitschülern um Längen voraus. Sein Ehrgeiz und nicht zuletzt sein fotografisches Gedächtnis halfen ihm, oftmals als Bester abzuschneiden. Sein Bruder Raúl berichtete: «Ihm gelang alles. Er hatte ein sehr explosives Temperament. Er forderte die Mächtigsten und Stärksten heraus, und wenn er geschlagen wurde, begann er am nächsten Tag von neuem. Er gab nie auf.»[40]

Castro trieb allerdings nicht nur leidenschaftlich Sport, und dies mit hervorragenden Resultaten, einem Preis als Kubas bester Allround-Schulsportler 1943 / 44 beispielsweise. Intensiv beschäftigte er sich auch mit Geschichte, speziell mit dem Spanischen Bürgerkrieg und mit der Mambí-Tradition des späten 19. Jahrhunderts, quasi der Vorgeschichte «seiner» kubanischen Revolution. Sein besonderes Interesse galt dem Denken José Martís, des berühmten Dichters und Politikers, der bei fast allen Kubanern, unabhängig von ihrer Weltanschauung, hohes Ansehen genießt. Im Oktober 1945 schrieb sich Castro nach bestandener Reifeprüfung an der Rechtsfakultät der Universität Havanna ein. Die Patres entließen ihn dorthin mit einem exzellenten Zeugnis; es sagte dem Neunzehnjährigen in geradezu hymnischen Tönen eine glänzende Karriere voraus. «Fidel hat sich stets in allen literarischen Fächern ausgezeichnet. Er hat hervorragende Eigenschaften. Er ist ein echter Sportler und hat die Schulfahne immer mutig und stolz verteidigt. Er hat sich die Bewunderung und Zuneigung aller verdient. Er wird sich der juristischen Laufbahn widmen, und wir zweifeln nicht, daß er das Buch seines Lebens mit glanzvollen Seiten füllen wird. Fidel ist aus gutem Stoff geformt, und auch vom Künstler steckt etwas in ihm.» [41]

Obwohl seine Weltanschauung und das Credo der Jesuiten himmelweit auseinanderklafften, fühlte sich der Absolvent Castro bemüßigt, seinen ehemaligen Lehrern zu attestieren, was er ihnen zu verdanken glaubte. *Die Jesuiten [...] schätzen Werte wie Charakter, Gradlinigkeit, Offenheit, persönlichen Mut, die Fähigkeit, Opfer auf sich zu nehmen, und sie wussten diese Werte zu fördern. Zweifellos beeinflussten uns die Jesuiten in unserer Ausbildung mit ihren Werten, mit der Strenge ihrer Organisation und Disziplin, mit ihrem Sinn für Gerechtigkeit.* [42]

Zwischen Schulabschluss und Studienbeginn zog es Fidel Castro erst einmal nach Hause, nach Birán, den Ort der Kindheit. Er genoss es, wieder in der Natur zu sein, bis er sich schließlich am Steuer des Ford Cabrio, den er vom Vater zum bestandenen Abitur bekommen hatte, zum Semesterbeginn an der Juristischen Fakultät nach Havanna aufmachte. Warum Jura? Aus Verlegenheit? *Ich frage mich selbst*, gestand er später, *warum ich Jura studierte. Ich weiß es nicht. Ich verbinde das zum Teil mit jenen, die sagten, ‹Der redet so viel, er sollte Anwalt werden›. Weil ich die Angewohnheit hatte, zu debattieren und zu diskutieren, war ich davon überzeugt, für den Anwaltsberuf qualifiziert zu sein.* [43]

Es war ein krasser Wechsel von der Zucht und Ordnung des Jesuitenkollegs in die faktische Anarchie der Universität Havan-

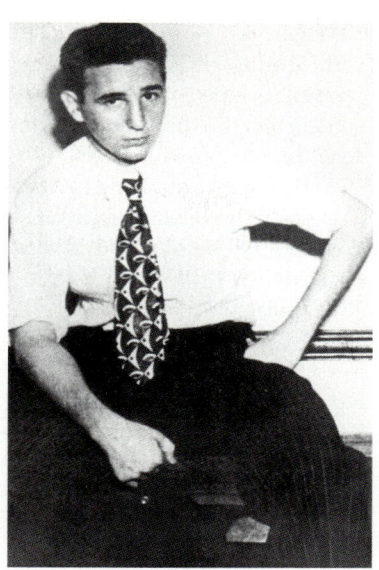

Fidel Castro in James-Dean-Pose kurz nach seinem Eintritt in die Juristische Fakultät der Universität von Havanna, 1946

na. Dort hatte sich seit den Tagen des Julio Antonio Mella kaum etwas zum Besseren gewendet, trotz der Energie, mit der sich der junge Studentenführer und Gründer der Kommunistischen Partei Kubas einst einer Hochschul- und Gesellschaftsreform verschrieben hatte.

«Gangsterismo» auf dem Campus

Die Universität Havanna glich über Jahre eher einer Räuberhöhle als einem geordneten Wissenschaftsbetrieb. Die «Professoren in Absenz» genossen fernab der Alma Mater ihr Salär, während andere am Ort des akademischen Geschehens mit allen Mitteln um die Kontrolle über die Universität kämpften. Unter diesen Umständen wurde Wissenschaft zur Nebensache. An ein ernsthaftes Studium war kaum zu denken. Mit einem gewissen Stolz verkündete Castro später, er habe nie eine Vorlesung besucht und nur dann ein Buch in die Hand genommen, wenn eine Prüfung bevorstand. Vorrang bekam der Machtkampf.

«Die Kontrolle über die Universität war von entscheidender Bedeutung, da sie gleichsam das Vorzimmer der Macht darstellte.

Zwischen der Hochschul- und Landespolitik bestand eine enge Verflechtung – eine Position in der Führung der Studentenschaft garantierte eine spätere Position in der Führung des Landes. Außerdem war die Universität autonom, der Polizei war es verwehrt, den Campus zu betreten.»[44]

Das Gangstertum wucherte mit seinem gewalttätigen «pistolerismo» in den akademischen Betrieb hinein. Bewaffnete Banden machten die Hörsäle und Labors unsicher, Mord und Totschlag waren an der Tagesordnung. Allein für die vierjährige Amtsperiode des Staatspräsidenten Ramón Grau San Martín (1944–48) zählten die Chronisten vierundsechzig politische Morde.[45]

«Das ist die Atmosphäre, in der Fidel Castro in Havanna 1945 mit dem Jurastudium beginnt und dabei, wie viele andere seiner Kommilitonen, die Politik entdeckt. Castros politische Emanzipation vollzieht sich in einem demokratiefeindlichen Umfeld. An der Universität tragen bewaffnete Banden skrupellos ihre Kämpfe um politische Einflussnahme aus.»[46] «Castro sprang kopfüber in die Politik, um sich eine Führungsrolle zu sichern.»[47] Um Karriere machen zu können, musste er erst einmal das Misstrauen, das ihm entgegenschlug, Neid und Eifersucht zerstreuen. Der hochaufgeschossene, gutaussehende, sportliche, im Umgang mit anderen gewiefte Castro, der mit seiner Eleganz und zudem mit seiner Herkunft aus einer gutsituierten Familie Eindruck machte, hatte gleich das höchste Amt der studentischen Organisation im Blick: «Vom ersten Tag auf dem Campus an sah er sich selbst als Führer und hatte ganz zweifelsfrei die Absicht, Präsident des Studentenverbandes FEU zu werden.»[48]

DER «WILDE MANN» DER UNIVERSITÄT

Castro durchschaute erstaunlich rasch das Spiel der politischen Kräfte, er machte sowohl der MSR (Movimiento Socialista Revolucionaria) als auch der UIR (Unión Insurrecional Revolucionaria) Avancen. Beide Lager hatten Interesse an der Mitarbeit dieses politischen Naturtalents bekundet. Dass sich Castro nicht entscheiden konnte, brachte ihn in Misskredit und in den Ruf, auf zwei Hochzeiten tanzen zu wollen. Castro geriet in die Bredouille, nachdem er sich auch noch unbotmäßig über den Präsidenten geäußert hatte. Einer der Gangster, Mario Salabarría Aguilar, in dem Castro den eigentlichen Herrn der Hauptstadt erkannte, forderte ihn rüde auf, entweder zu verstummen oder die Universität zu verlassen. Das war eine Drohung. Jeder wusste, was Castro erwartete, wenn er diese Aufforderung missachtete.

Er musste sich entscheiden zwischen Rückzug und Konfrontation: *Der Augenblick einer großen Entscheidung war gekommen,* schrieb er später, *der Konflikt traf mich mit der Wucht eines Orkans. Es war Tollkühnheit, angesichts [...] der Gefahr [...] in der Uni zu erscheinen.*[49] Doch alles andere hätte er als Kapitulation vor den Drohungen empfunden. *Ich entschloss mich, zurückzukehren, und ich kehrte zurück, mit der Waffe in der Hand.* Vater Ángel Castro hatte ihm einen Colt mitgegeben, für alle Fälle. Fidel trat unverdrossen wieder in der Universität auf, von Freunden wie von Bodyguards umringt. Sein größter Ehrgeiz, so erklärte er einer Studentengruppe, sei *eine Zeile über mich in der kubanischen Geschichte.*[50]

Um den ambitionierten und wankelmütigen Konkurrenten Castro aus dem Verkehr zu ziehen, stellte man ihn in verschiedenen Mordfällen als Täter hin. Ohne handfeste Beweise war Castro zwar bald wieder auf freiem Fuß, doch seiner Karriere waren diese Verdächtigungen nicht sehr förderlich. Drei Mal war er bezichtigt worden, an Mordanschlägen beteiligt gewesen zu sein, drei Mal hatten sich diese Vorwürfe als haltlos, zum Teil sogar als manipuliert erwiesen: *Ich war der Don Quijote der Universität, immer Pistolen und Kugeln um mich herum. Was ich an der Universität aushalten musste, wiegt schwerer als die Zeit in der Sierra Maestra.*[51]

In seinem letzten Studienjahr trat der angehende Jurist die Flucht nach vorn an, indem er in Kubas meistgelesener Zeitschrift die grassierende Korruption, die Postenschieberei, den Nepotismus und den Missbrauch von öffentlichen Geldern geißelte; er nannte Namen und bezog sich selbst als Mittäter in diese Philippika mit ein. Dafür hatte er offensichtlich Gründe. Wie wäre er im Übrigen sonst zu dem Spitznamen «wilder Mann» der Universität gekommen? Die Anklage erwies sich als selbstmörderisch. So suchte Castro denn auch den Stürmen der Entrüstung zunächst im vertrauten Birán und dann in New York zu entfliehen. Seine Kontakte mit den Gangs sollte er später ausdrücklich bedauern und sich dafür entschuldigen.

VOM ARMENANWALT ZUM REBELLEN

IM BANN DES MORALISTEN CHIBÁS

Während die meisten Kubaner wegsahen oder zynische Bemerkungen machten, wenn die Sprache auf den Machtmissbrauch und die Korruption in Kuba kam, wurde es ein Parlamentarier leid, diese Missstände immer aufs Neue anzuprangern, ohne dass sich etwas änderte. Dabei hatte er es jahrelang mit seinen Parteifreunden Grau San Martín und Carlos Prío Socarrás an der Parteispitze der Revolutionären Authentischen Partei Kubas, der «Auténticos», ausgehalten: Senator Eduardo Chibás. Er war kein Politiker im herkömmlichen Sinne, eher ein unerbittlicher Moralist, der sich in die Politik «verlaufen» hatte. Er hätte sich, bei seinem Reichtum, als Bohemien genießerisch allein Schöngeistigem widmen können, doch er verabscheute jeden Anschein von Luxus und folgte stattdessen dem Ruf in die Politik.

Im Mai 1947 gründete er nach seinem Bruch mit den «Authentischen» die Kubanische Volkspartei (PPC). Da sich ihre Anhänger als die letzten wahren Revolutionäre fühlten, nannten sie sich auch «Ortodoxos». Und eines ihrer ersten Mitglieder hieß Fidel Castro. Chibás konzentrierte seine Energien auf eine Säuberungskampagne gegen die ausufernde Bestechlichkeit. Bezeichnenderweise gab er der neuen Partei das entsprechende, jedermann verstehbare, profane Symbol eines Besens.[52]

Die PPC wird «als erste ernstzunehmende Opposition gegen die Regierung populär, weil sie für die Werte und Prinzipien des Freiheitshelden Martí eintritt: Nationalismus, Antiimperialismus, Sozialismus, wirtschaftliche Unabhängigkeit, politische Freiheit und soziale Gerechtigkeit»[53].

Chibás wurde dank seines moralischen Rigorismus bald zum Idol der Jugend, obwohl ihm die Phantasie für politische Zukunftsvisionen fehlte, vielmehr schien er sich in dem Opfermut dessen zu gefallen, der ohne Rücksicht auf Verluste die Selbstsucht der Politiker entlarvte.[54] Jeden Sonntagabend prangerte er unter dem Titel «Ehre contra Geld» die ausufernde Korruption und Geldgier an. Er hatte sich eine halbe Stunde Sendezeit im Radio gekauft, um seine Anklagen in zornigem Stakkato in den Äther hinauszuschreien. Pünktlich um 20 Uhr schalteten Hunderttausende das Gerät ein. Gebannt hörten sie dem Parteichef der Orthodoxen zu, der zudem als Nationalheld galt, seitdem er den Präsidenten beleidigt hatte und hundertachtzig Tage dafür im Gefängnis büßen musste. Die Kubaner waren eigentlich leichtere Radiokost gewohnt.

«Systematisch erzieht Fidel das Volk und die revolutionären Führer zur Bescheidenheit. ‹Man sagt, ich kämpfte für den Ruhm. O nein, Señor, ich kämpfe nicht für Ruhm, weil Ruhm letztlich auch nur ein leerer Wahn ist.› Und er fügt hinzu: ‹Martí, der außergewöhnlichste aller Kubaner, sagte einmal, dass aller Ruhm der Welt in einem Maiskorn Platz findet. Das ist eine große Wahrheit.›»
Antonio Nuñez Jiménez, Unterwegs mit Fidel

Hörspielserien, die auf dumpfe Weise süchtig machten, Musik fast ununterbrochen und natürlich schwülstige Radioromane, die vor Sentimentalitäten trieften. All das war vergessen, wenn Chibás am Mikrofon saß und die Obrigkeit aufs Korn nahm. Ohne sich populistisch einzuschmeicheln, fand er den richtigen Ton und gewann die Sympathien der «kleinen Leute».

Ende Juli 1951 kündigte Chibás mit dramatischem Unterton an, dass er Beweise für die Korruption des Präsidenten Prío Socarrás und seines skandalumwitterten Bildungsministers präsentieren werde. Als es am 5. August so weit sein sollte, kam Chibás aus unerfindlichen Gründen ohne das sensationsträchtige Material ins Studio. Hatten seine Informanten ihn versetzt? Für den strikten Moralisten, der dieses Mal nicht halten konnte, was er versprochen hatte, Grund genug, ein letztes «Klopfzeichen» zu geben und dann von der Bühne abzutreten. Er beschwor die Kubaner, endlich aufzuwachen und den notorischen Pesetendieben beim Griff in die Staatskasse in den Arm zu fallen. Dann zog er eine Pistole aus seiner Jackentasche hervor und erschoss sich. Tragisch, dass er seine Sendezeit schon überzogen hatte. Es lief bereits ein anderes Programm. Doch die Nachricht von seinem Verzweiflungsakt verbreitete sich in Windeseile, und das Begräbnis wurde zu einer Massendemonstration gegen das faulige Regime von Carlos Prío Socarrás. Chibás' Leichnam hatte man zuvor in der Universität der Hauptstadt aufgebahrt. Die erste Totenwache hatte ein junger Rechtsanwalt gehalten: Fidel Castro.

Eine Ehe en passant

Am 10. Oktober 1948, dem Tag, als Prío Socarrás die Präsidenten-
schärpe umgelegt bekam, heiratete der zweiundzwanzigjährige
Fidel Castro die gleichaltrige Philosophiestudentin Mirta Díaz Balart, eine Schwester seines Freundes Rafael Díaz Balart. Ihre Familie
stand mit dem späteren Diktator Fulgencio Batista auf gutem Fuß,
der ebenfalls aus Banes stammte. Das politisch Delikate dabei war,
dass Banes seine Gründung und Existenz der United Fruit Company verdankte. Castros Schwiegervater war dort Bürgermeister und
Anwalt. Er arbeitete offenbar auch für Batista. Castro heiratete also in eine Familie mit den besten politischen Verbindungen ein, so
schildert es sein Biograph Skierka.[55]

Die Familie der Braut, die das politische Talent Castros erkannte, glaubte wohl, einen Zugewinn auf ihrer Seite verzeichnen zu können. Zunächst aber startete das Brautpaar in die Flit-
terwochen, ausgestattet mit 10 000 Dollar vom Brautvater. Und
Batista, der eines Tages von Castro aus dem Land gejagt werden
sollte, ließ sich auch nicht lumpen und steuerte 1000 Dollar zum
Honeymoon bei. Die komfortable Reise dehnte sich zu drei Monaten Miami aus. Anschließend reisten die Hochzeiter mit der Bahn
nach New York, wo Castro der Legende nach «Das Kapital» von
Karl Marx erstanden haben soll.[56]

Nach dieser luxuriösen Tour ging es im Hause Castro jun. nicht
mehr allzu üppig zu. Das Paar existierte in Verhältnissen, die dem
Zusammenhalt der jungen Ehe nicht besonders förderlich waren –
das Unvermögen und wohl auch der Unwille Fidel Castros, eine
bürgerliche Existenz mit all ihren Annehmlichkeiten zu gründen, machten seiner Frau zu schaffen. Er blieb auf die Monats-
wechsel seines Vaters angewiesen, auch noch nach der Geburt
des ersten Sohnes, den die
Eltern Fidelito nannten.
Man musste haushalten
mit dem wenigen, das zur
Verfügung stand, ohne
ein geregeltes Einkom-
men. Fidel promovierte
zwar 1950 zum Doktor der
Jurisprudenz und arbeite-

Fidel Castros Kinder:
Mit der 1. Ehefrau Mirta Díaz Balart:
  Fidelito
Mit der 2. Ehefrau Dalia Soto del Valle:
  Alejandro, Alex, Alexander, Angelito,
  Antonio
Mit Naty Revuelta: Alina
Mit María Laborde: Jorge
  Nach Norberto Fuentes, Die Autobiographie
  des Fidel Castro

te als Anwalt in der Kanzlei Azpiazu, Castro und Resende in der Altstadt von Havanna, doch was er verdiente, reichte nicht zum Leben. Das junge Paar musste sich des Öfteren die Miete stunden und im Laden um die Ecke seine Einkäufe anschreiben lassen.

Mit sicherem Gespür wählte sich Castro die finanziell schwächsten Klienten aus, jene, die sich gegen soziale Ungerechtigkeiten und Machtwillkür zur Wehr zu setzen suchten. Und kein Geld dafür hatten. Wenn die potenziellen «Kunden» nur eindringlich genug klagten, übernahm Castro das Mandat. Nicht umsonst hat man ihn deshalb als «Anwalt der Armen» bezeichnet. Er war zu diesem Zeitpunkt «sowohl ein Politiker ohne Plattform als auch ein Rechtsanwalt ohne Klienten»[57].

Politisch spielte Castro va banque. Was in Mittelamerika bis dahin wohl noch niemand versucht hatte, wollte er wagen: den Präsidenten der Republik, der durch seinen Putsch am 10. März 1952 an die Spitze des Staats gelangt war, unter dem Vorwurf der Bestechlichkeit und des Machtmissbrauchs vor Gericht zu bringen. Der entsprechende Artikel in der Zeitung «Alerta», dem Sprachrohr des jungen Castro, der die Beweise für ein korruptes

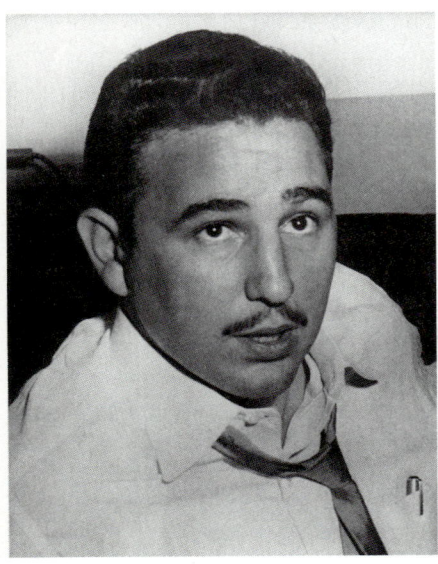

Fidel Castro, «Anwalt der Armen», um 1952

27

Verhalten Batistas dokumentierte, sorgte zwar für einigen Wirbel in der kubanischen Öffentlichkeit, doch mehr auch nicht. Der Präsident schwieg beharrlich.

Als alle Versuche, auf legalem Wege den Rechtszustand wiederherzustellen, zu nichts führten, entschloss sich Fidel Castro zum bewaffneten Widerstand gegen das Regime. Auf den Staatsstreich vom 10. März 1952, der den sicheren Wahlsieg der Reformpartei der «Orthodoxen» verhindern sollte, antwortete Fidel Castro: *Wir haben einen neuen Tyrannen, aber wir werden auch neue Mellas haben.* Einer von ihnen war Castro selbst.

JOSÉ MARTÍ: DER GEISTIGE VATER DER REVOLUTION[58]

Es lag unverhohlener Stolz in der Überzeugung Castros, Geschichte geschrieben zu haben und weiterhin zu schreiben. Aus ihrer eigenen Geschichte und Vorgeschichte, die bis in die Mitte des 19. Jahrhunderts zurückreicht, speist sich der Mythos der kubanischen Revolution. «Ihre Geschichte und vor allem ihre Befreiungsgeschichte ist den Kubanern […] unendlich viele Reden wert.»[59] Seinen «Main Report», den Rechenschaftsbericht zum ersten Kongress der Kommunistischen Partei Kubas Ende 1975, eröffnete Castro mit dem Hinweis: *Es ist unmöglich, diesen Kongress zu beginnen und seine enorme Bedeutung zu verstehen, ohne einen Blick auf unsere Geschichte.*[60] Daraus wurde, wie bei Fidel Castro nicht anders zu erwarten, ein weitschweifiger, ausfernder Blick zurück auf die wechselvolle kubanische Vergangenheit.

Ein erster «grito de independencia», ein erster Freiheitsruf, war von der Zuckerrohrplantage La Demajagua ausgegangen – Carlos Manuel de Céspedes, ein wohlhabender Pflanzer, hatte diesen Ruf am 10. Oktober 1868 hören lassen. Das «Manifest der Revolutionären Junta der Insel Kuba an die Mitbürger und an alle Nationen» war durchtränkt gewesen vom Geist der amerikanischen Unabhängigkeitserklärung. Heißt es doch darin, «dass alle Menschen gleich geschaffen sind». Céspedes gab seinen Sklaven demonstrativ die Freiheit.[61] Und sein Ruf wurde weithin im Land gehört. Bauern, Sklaven und vornehme Kreolen griffen zu den Waffen. Der Guerillakrieg, den sie gegen die spanische Kolonialmacht führten, ein grausamer Krieg, in dem die Mambisen

Fidel Castro vor dem Denkmal seines Idols José Martí am 30. Jahrestag der kubanischen Revolution, 1989, auf der Plaza de la Revolución in Havanna

schließlich unterlagen, endete für die Freiheitskämpfer am 10. Februar 1878 mit der Übergabe der Kapitulationsurkunde. Aber es war nur ein Waffenstillstand, wie sich bald zeigen sollte. José Martís Prophezeiung, wonach Kuba «für Spanien schon verloren» sei, bestätigte sich. Und dass es so kam, verdankte sich vor allem diesem Dichter und Politiker, der mit «Feder und Machete» bewaffnet war. Schon als Jugendlicher hatte er die Brutalität der Kolonialherren erfahren, als sie ihn, gerade siebzehn Jahre alt und von schwächlicher Statur, wegen «Verrats an den Interessen Spaniens» zur Zwangsarbeit in einem Steinbruch verurteilten. Sie taten ihm jedoch auch etwas Gutes an, als sie ihn zum Exil in Spanien «begnadigten». Dort entwuchs Martí der kolonialen Enge und weitete seinen literarischen wie politischen Horizont. Er lernte und lehrte in Mexiko, Guatemala und Caracas. Im Süden spürte er den gemeinsamen hispano-amerikanischen Wurzeln nach. Eine Entdeckung, die ihn in politischen Vorgefühlen eines «madre patria», eines vereinigten Mutter-Vaterlands Lateinamerika, schwelgen ließ.

Er hätte sich gewiss dieser Vision noch unbefangener hingegeben, wäre er nicht von dem Urerlebnis des «rugged individualism», der gnadenlosen Konkurrenz, bestürzt gewesen, das ihm während seiner Jahre in den USA, «in den Eingeweiden des Ungeheuers», wie er sich plastisch ausdrückte, widerfahren war. Hatte er früher, aus der Ferne, die freiheitliche Tradition und wirtschaftliche Dynamik der USA bewundert, lehrte ihn der «Koloss im Norden» später das Fürchten. Der Kosmopolit Martí trat nicht nur für die Unabhängigkeit Kubas ein, er wünschte sich auch die politische Befreiung und kulturelle Eigenständigkeit ganz Lateinamerikas («Nuestra America»). Als der zweite kubanische Unabhängigkeitskrieg (1895–98) ausbrach, fiel er in einem der ersten Gefechte im Mai 1895 im Süden Kubas, in Dos Rios, wo der Contramaestre und der Cauto zusammenfließen.[62] Schon zu Lebzeiten hat man ihn zum Nationalhelden erhoben und ihn über die Grenzen von Kuba hinaus voller Ehrfurcht als «Apostel des freien Amerika» gerühmt.

Amerikanische Politiker hatten von den Anfängen der USA an begehrliche Blicke auf die große Antilleninsel geworfen. Zu Zeiten des Präsidenten John Quincy Adams (1825–29) hatte man geglaubt, Kuba werde nach einem politischen Gravitationsgesetz als reife Frucht den USA zufallen. Als diese Ernte ausblieb, versuchten es die USA mit ihren kommerziellen Möglichkeiten: Mitte des 19. Jahrhunderts wollten sie Kuba der schon reichlich angeschlagenen Kolonialmacht Spanien abkaufen, für 50 Millionen Dollar cash. So abgewrackt war Spanien nun aber auch wieder nicht, dass es sich auf einen solchen Handel einlassen musste.

Nachdem die USA im letzten Drittel des 19. Jahrhunderts zur Weltmacht Nr. 1 herangewachsen waren, brauchten sie nicht mehr um Kuba zu feilschen, vielmehr konnten sie die Insel mit ihrer Streitmacht, speziell den Marines, im Handstreich kapern. Was 1898 auch geschah: Den kubanischen Rebellen war der Sieg über die verhasste spanische Kolonialherrschaft zum Greifen nahe, da mischten sich, wie erwähnt, die USA unter fadenscheinigem Vorwand in diesen Krieg ein, der im April 1898 begann und schon im Juli des Jahres mit dem fulminanten Sieg der USA endete.

Die Kubaner hatten in den Folgejahren des «splendid little war» auf ihrem Territorium kaum etwas zu sagen. Bei der Kapitulation der Spanier in Santiago de Cuba durften sie das Stadtgebiet nicht betreten, über dem das Sternenbanner wehte. Und als am 1. Oktober 1898 in Paris die Friedensverhandlungen begannen, mussten sich die Kubaner wieder mit der Rolle von Zaungästen begnügen. Sie kamen vom Regen in die Traufe. Die Demütigungen nahmen jahrzehntelang kein Ende. Statt nach dem Friedensschluss eine unabhängige Republik zu werden, bekam Kuba zuallererst für vier Jahre, bis 1902, eine Militärregierung aufgenötigt – «unter den Fittichen des US-Adlers».

Kein Zweifel, dass die Militärverwaltung auch ihr Gutes hatte, dass sie zum Beispiel Seuchen wie das Gelbfieber mit Erfolg bekämpfen ließ. Doch das reichte nicht, um die Demütigungen und die Missachtung, unter der viele Kubaner zu leiden hatten, zu kompensieren.

Für einen politischen Menschen wie Fidel Castro waren diese Akte der Entmündigung schier unerträglich. Mit dem verletzten Nationalstolz ist zu einem Gutteil die Radikalisierung des «Antiyanquismo» in Kuba zu erklären. Die «Entwicklungshilfe», die die USA während ihres vierjährigen Protektorats leisteten, war letzten Endes nur Dekor ihrer eigentlichen Motive: der Interessen an der Zuckerindustrie und anderen lukrativen Branchen. In den zwei Jahrzehnten zwischen 1860 und 1880 hatte noch das spanische Handelskapital auf Kuba dominiert, das fast alle modernen Zuckermühlen besaß. Mit Hilfe der Zuckertrusts American Sugar Refining Company und Trinidad Sugar Company sowie kräftiger Direktinvestitionen dehnten die US-amerikanischen Unternehmen ihre Kontrolle über die kubanische Zuckerindustrie aus. 1896, also zur Zeit des zweiten kubanischen Unabhängigkeitskriegs, wurden bereits 10 Prozent des kubanischen Zuckers in US-Zuckerzentralen produziert. 1928 waren es 70 bis 75 Prozent. Das bedeutete eine fast vollständige Kontrolle des Big Business der USA über den wichtigsten Wirtschaftszweig der Insel.[63]

Mit ähnlichen Resultaten hatten sich US-Unternehmen auch in anderen Branchen eingekauft. «US-Kapital kontrollierte 36 Prozent der besten Ländereien, 90 Prozent des Bergbaus, 90 Prozent der Telefon- und Elektrizitätsdienste, 66 Prozent der Erdölraffinerien, 50 Prozent der öffentlichen Eisenbahnen, 30 Prozent der Handelsbanken, 20 Prozent des Versicherungswesens, den größten Teil des Tourismus und den modernen dynamischen Sektor der verarbeitenden Industrie.» Alles in allem beliefen sich die US-Direktinvestitionen 1958 auf eine Milliarde Dollar.[64]

DIE PSEUDOREPUBLIK

Die Verfassung, die man Kuba 1901 aufgenötigt hatte, war eine getreue Kopie der US-Verfassung. Allerdings mit dem Unterschied, dass das kubanische Grundgesetz einen Passus enthielt, der es den US-Regierungen erlaubte, jederzeit zum Schutz ihrer Bürger und deren Eigentum auf Kuba zu intervenieren. Dieser Verfassungszusatz, nach seinem Initiator «Platt-Amendment» genannt, schränkte die Souveränität der Republik Kuba auf skandalöse Weise ein.

Es war kein erbauliches Bild, das die kubanischen Politiker im ersten Viertel des 20. Jahrhunderts boten. Die Präsidenten gaben sich in dieser Pseudorepublik alle paar Jahre die Türklinke zu ihrem Amtssitz in die Hand. Meist Generäle und Doktoren mit Spitznamen wie «Haifisch» oder «Pesetendieb». Zwölf Präsidenten hat Kuba von 1913 bis zum 31. Dezember 1958 ertragen müssen, Mario García Menocal, der von 1913 bis 1921 amtierte, war Generaldirektor der Cuban American Sugar Co. (National City Bank). Er machte aus seiner Präferenz, mehr US-Amerikaner als Kubaner zu sein, keinen Hehl. Ungeniert trat er als Darling des Business und des State Department auf, umwarb, ja umschmeichelte seine US-amerikanischen Gönner und lud sie ein, sich der Ressourcen Kubas zu bedienen. Man hat ihn deshalb auch «Kaiser von Kuba» genannt. Der Diebstahl am öffentlichen Eigentum nahm unter seiner Präsidentschaft horrende Formen an.

Die Weltwirtschaftskrise von 1929 traf Kuba infolge seiner Monokultur besonders hart. Der Zuckerpreis sank ins Bodenlose ab, auf einen halben Cent pro Pfund. «Kubas gesamte Ökonomie wurde mit in den Abwärtsstrudel gerissen. In dem Maße, in dem die Krise 1930 das Land erfasste, eskalierte der Protest gegen die Regierung Machado.» [65]

Gerardo Machado (1925 – 33), auch der «Schlächter» genannt, war eine der übelsten Figuren in dieser Schreckensgalerie kubanischer Präsidenten. Er pflegte jegliche Opposition brutal zu unterdrücken. Schon seine Wahl hatte er unter anderem mit dem Versprechen gewonnen, dass während seiner Amtszeit kein Streik länger als 24 Stunden dauern werde.[66] Im Frühjahr 1933 wurde es selbst seinen Gönnern in Washington zu viel, was ihr «Mann in Havanna» trieb. US-Präsident Franklin D. Roosevelt war gerade dabei, den ewigen Familienzwist zwischen Nord- und Südamerika durch eine «Politik der guten Nachbarschaft» zu beenden. Da konnte er einen solchen Amoklauf nicht brauchen.[67]

Roosevelt schickte einen besonders kompetenten Mann als Friedensstifter nach Havanna, den «Architekten» seiner Lateinamerikapolitik, Sumner Welles, der den «Mussolini der Tropen» bekniete, Kuba zu verlassen. Als Machado keine Anstalten dazu machte, ließ Welles US-Kriegsschiffe rund um die Insel auffahren. Und diese Drohkulisse genügte dann, Machado ins Exil zu zwingen. Kubanische Unteroffiziere brauchten nur noch ein wenig nachzuhelfen. Lakonisch teilten sie dem Präsidenten mit, dass seine Amtszeit abgelaufen sei. Mit einem Koffer voller Geld machte sich Gerardo Machado per Flugzeug in Richtung Bahamas aus dem Staub. Welles konnte ganz beschwingt nach Hause fahren: «Machado war gestürzt; eine regelrechte Revolution war verhindert worden; der Machtwechsel an der Spitze des Staats war verfassungskonform vonstatten gegangen; und der neue Präsident war ein Freund der Vereinigten Staaten.»[68]

Mit Blick auf die Präsidentengalerie von 1913 bis 1958 bleibt das Fazit ernüchternd: «Über sechs Jahrzehnte hinweg waren Korruption, Gewalt und die Einflussnahme der USA die ständigen Begleiter der kubanischen Politik.»[69]

Ein Sergeant namens Batista

Kaum war Machado außer Landes, stand schon die nächste Marionette für den Präsidentenstuhl bereit: Carlos Manuel de Céspedes, der «schwache Sohn eines starken Vaters», über den Sumner Welles, inzwischen US-Botschafter in Havanna, berichtete: «Er erbittet täglich meinen Ratschlag für alle Entscheidungen.»[70] Nach gut dreiwöchiger Amtszeit musste Céspedes seinen Sessel am 4. September 1933 wieder räumen, weil die revolutionären Gruppen, die den Generalstreik gegen Machado getragen hatten, mit dieser Interimslösung unzufrieden waren. Noch im September desselben Jahres kam es, angeführt von dem jungen Sergeanten Fulgencio Batista, zu der sogenannten «Revolte der Unteroffiziere», die höhere Löhne und bessere Lebensbedingungen verlangten.

Ursprünglich war dieser Protest von engbegrenzter Zielsetzung, schnell entwickelte sich jedoch ein Zweckbündnis mit den mobilisierten Studenten und Gewerkschaften. Die Revolte gewann an Schärfe und wuchs sich schließlich zu einem regelrechten politischen Umsturz aus.[71] An die Stelle des glücklosen Interimspräsidenten trat eine fünfköpfige zivile Junta, die eine Woche später den Medizinprofessor Ramón Grau San Martín zum Präsidenten wählte.

Fulgencio Batista y Zaldívar hatte geholfen, das Zweckbündnis zwischen Soldaten und Studenten zu schmieden. Der Schmeichler und Schönredner mit den elegant pomadisierten Haaren, stets geschniegelt und gebügelt, ein Parvenü, sollte in den folgenden fünfundzwanzig Jahren die kubanische Politik bestimmen, ob als gewählter Präsident (1940–44), als graue Eminenz, nachdem ihm die Kubaner eine Abfuhr erteilt hatten (Wahl 1944), oder als Putschist (1952).

Mit dem Putsch seiner Militärkollegen geriet dieser einfache, rangniedrige Unteroffizier plötzlich von der Anonymität des Militärs ins Rampenlicht der hohen Politik. Sumner Welles, immer noch US-Botschafter in Havanna, telegrafierte etwas stutzig, weil er diesen Namen wohl noch nie zuvor gehört hatte, nach Washington, «ein Sergeant namens Batista» sei der Drahtzieher des Staatsstreichs gewesen. Dieses Telegramm wiederum machte den «Chino» oder «Indianer», wie er in Anspielung auf seine äußere Erscheinung im Volksmund hieß, schlagartig bekannt.

Am 16. Januar 1901 in Banes/Oriente in eine arme Familie hineingeboren, arbeitete sich der Underdog Batista mit einem sicheren Gespür für hilfreiche Beziehungen und günstige Gelegenheiten aus der Misere des ländlichen Kuba heraus. Mit vierzehn Jahren Waise, wurde Batista von Quäkern aufgezogen. Er konnte später den Emporkömmling nicht verleugnen, wollte in vollen Zügen nachholen, was dem einstigen Zuckerarbeiter, dem kleinen Angestellten und Eisenbahner versagt geblieben war. Als Zwanzigjähriger hatte er zur Armee, zum «ejército», gefunden und schnell herausbekommen, dass man sich auf der Schreibstube nützlich, wenn nicht gar unentbehrlich machen konnte.

«Lasst Batista nur machen!», hieß es bald unter den Offizieren. Rege, wie er war, probierte er alle Wege des sozialen Aufstiegs aus. Wenn es einen Zeitgenossen gab, auf den die Erfolgsstory «Vom Tellerwäscher zum Millionär» je passte, dann war es Fulgencio Batista. In wenigen Jahren brachte er es zum Präsidentenamt, nicht ohne sich ein demokratisches Mäntelchen umgehängt und liberale, ja sogar kommunistische Bündnispartner gesucht zu haben, um die Opposition mundtot zu machen. Das ist ihm jedoch nicht geglückt. Zumindest bei Fidel Castro nicht.

Der «Anwalt der Armen» hatte zunächst mit allen Rechtsmitteln, die dafür zur Verfügung standen, versucht, Batista aus dem usurpierten Amt zu klagen. Zwar erhoben die Anführer der Parteien «Auténticos» und «Ortodoxos» beim Obersten Gericht Klage mit der Begründung, dass Batista die Verfassung von 1940 verletzt habe, doch wiesen die Richter den Antrag ab. Sie beriefen sich auf die Macht des Faktischen, die Revolution, die per se zur Gesetzesgrundlage geworden sei.

«Castro war es nicht genug, sich lediglich dem rechtlichen Vorgehen seiner Partei anzuschließen. Getrennt hiervon klagte er im Eilverfahren gegen Batista und rechnete vor, dass die im Strafgesetzbuch vorgeschriebenen Strafen sich im Fall der Handlungen Batistas auf über hundert Jahre Gefängnis belaufen würden.»[72]

Die Gerichte übergingen diese Klagen. Beim öffentlichen Rumoren, das sein wagemutiger Versuch auslöste, den Präsidenten unter dem Vorwurf der Bestechlichkeit und des Machtmissbrauchs vor Gericht zu bringen, blieb es.

DER STURM AUF DIE KASERNE MONCADA: EIN FANAL

Santiago de Cuba war als Ort des Aufstands mit Bedacht gewählt, es war die Hauptstadt der «rebellischen» Provinz Oriente und lag weitab von Havanna – 944 Kilometer, die es der Batista-Regierung im Ernstfall schwermachen würden, Verstärkung heranzuführen. Als Datum des Aufstands hätte Castro kaum eine raffiniertere Wahl treffen können: 26. Juli, «Sonntag der heiligen Anna», an dem der Karneval in Santiago seinem ekstatischen Höhepunkt zutreibt. Unter den vielen Tausenden von Besuchern aus allen Teilen Kubas, so das Kalkül des Verschwörers, würden die Rebellen nicht auffallen. Womit Fidel Castro bei der Vorbereitung dieses Unternehmens außerdem fest rechnete, das war der Zustand der Soldaten nach durchzechter Nacht morgens um fünf Uhr. Wenn man zu dieser Zeit zum Sturm antreten würde, wäre sicher kein Widerstand zu erwarten.

Am 24. Juli 1953 bekamen die in konspirativen Zellen organisierten Fidelistas das Reiseziel genannt. Sie machten sich per Bus, Bahn oder Auto auf den langen Weg nach Osten. Ihr Ziel war die Finca Siboney, ein kleines Landgut, rund 15 Kilometer südöstlich von Santiago, das die Verschwörer zur Tarnung angemietet hatten, um dort in einem Brunnen die Waffen zu verstecken und für die Aktion bereitzuhalten. Hier nahmen sie ihre etwa 120 Uniformen, dem Habit des Militärs täuschend ähnlich nachgeschneidert, in Empfang sowie ihre mehr als dürftigen Waffen, darunter spanische Flinten, Jagdgewehre, Pistolen und Karabiner 22.

Auf engstem Raum, etwa 80 Quadratmetern, verbrachten die angehenden Revolutionäre die Nacht, während Melba Hernández und Haydée Santamaría, die einzigen Frauen bei diesem Unternehmen, den Ankömmlingen ein Glas Milch oder eisgekühltes Wasser reichten, wenn sie nicht die Uniformen bügelten.

Die Finca Siboney, 1986

Fidel Castro, der Oberbefehlshaber in diesem Szenario, traf gegen zehn Uhr abends ein[73] und erklärte schließlich, warum sie sich hier eingefunden hatten: *Wir werden das Cuartel Moncada stürmen.* Außerdem sollte das nahegelegene Zivilkrankenhaus unter die Kontrolle der Fidelistas gebracht werden, und der Justizpalast. Und dies alles hatte im Handumdrehen zu geschehen: *Es wird ein Überraschungsangriff sein,* so Fidel Castro. *Er darf nicht länger als zehn Minuten dauern.* Ein frommer Wunsch, wie sich bald zeigen sollte.

Offenkundig packte einige Widerstandskämpfer das pure Entsetzen, als Castro das Anschlagsziel und die Modalitäten der Aktion nannte. Er stellte es jedem frei abzuspringen. «Zehn Männer ließen Castro daraufhin wissen, dass sie nicht an der Operation teilnehmen wollten. Es handelte sich um vier Studenten, fünf Arbeiteraktivisten aus Havanna und einen Radiotechniker.»[74] Castro ließ sie in der Küche einschließen, damit sie nicht noch andere mit ihrer Angst «ansteckten». Sie durften unbehelligt den Heimweg antreten, nachdem der letzte Wagen mit Batista-Gegnern die Finca Siboney verlassen hatte.

Die Stadt am Fuße der Gran Piedra, des Gebirgsmassivs im Hintergrund, lag still an diesem 26. Juli 1953 morgens um fünf Uhr. Nur einige vom Rum berauschte Gestalten wankten im Halbschlaf, wie es schien, nach Hause.

Hellwach hingegen waren die mehr oder weniger hundert jungen Männer und zwei Frauen, die sich auf der Avenida Garcón in Richtung Moncada-Kaserne bewegten. Der Zufall gewährte der Diktatur des pomadigen Tropentyrannen allerdings noch einmal Aufschub. Zwei Wachtposten, die unvermutet auf der Bildfläche erschienen, durchkreuzten den gesamten, von Fidel Castro ausgetüftelten Plan. Sowie die Schießerei mit den beiden begann, fuhr der Buick des Rebellenführers am Randstein fest. Und weil die Kämpfer, die im Konvoi folgten, den Befehl hatten zu halten, wenn er hielt, brachte der Zwischenfall nun auch die hinteren Wagen zum Stehen. Die Ortsunkundigen rannten obendrein gegen die falschen Gebäudeteile an.

So endete der Angriff auf die Moncada, ehe er richtig begonnen hatte. Der Überraschungseffekt war dahin. Die Alarmglocke schrillte so zerreißend, dass schnell die gesamte Besatzung auf den Beinen war. Sie übertönte sogar den Schusswechsel. Wie entnervt von dem pausenlosen Schellen und den Feuerstößen vom Dach, traten die Fidelistas den Rückzug an. Die Soldaten zählten dreizehn Tote in ihren Reihen. Was folgte war eine gnadenlose Abrechnung, die sie an ihren Gefangenen vollzogen. Viele Aufständische mussten in den nächsten Stunden und Tagen unter barbarischen Foltern ihr Leben lassen. Dem jungen Abel Santamaría stachen Soldaten Batistas die Augen aus, bevor sie ihn töteten. Viele der Ermordeten wurden auf die Treppen der Kaserne drapiert, als wären sie im Sturmangriff gefallen. Die Bilanz: drei im Kampf Gefallene (die Brüder López und Guillermo Granados Lara), 66 anschließend Ermordete, weniger als vierzig Aufständische, die sich nach Siboney retteten. Einigen wenigen gelang es, trotz Batistas engmaschiger Kontrollen unbehelligt nach Havanna zurückzukehren. Fidel Castro und sein Bruder Raúl waren mit rund zwanzig Leuten in die Berge geflüchtet.

Nach den körperlichen Strapazen der Vortage und der ungeheuren psychischen Anspannung für alle diejenigen, die hatten miterleben müssen, wie Freunde oder Gleichgesinnte erst wahr-

Die Moncada-Kaserne mit den «gepflegten» Einschusslöchern, 1986

haft teuflischen Qualen ausgesetzt worden waren, ehe man sie mit Kolbenschlägen oder mit Kopfschüssen letztlich niedergestreckt hatte, kam die Frage nach Sinn und Zweck des Unternehmens auf. Dass die erfreuliche Fügung der Flucht in die Berge für Fidel und seinen Bruder, nebenbei bemerkt, Kommentare herausfordern würde, war nur eine Frage von Stunden. «Als die Studenten an der Universität die Nachricht aus Santiago hörten, bezichtigten sie Castro der Feigheit und Flucht, während seine Männer im Kasernengelände noch kämpften und starben.»[75]

Während das Militär noch einige versprengte Rebellen stellte, hatte die allgemeine Empörung über den Massenmord an den Aufständischen einen solchen Grad erreicht, dass der Diktator die «summarische Justiz» seiner Soldaten gegen die Gefangenen nicht mehr dulden konnte. Fidel Castro, der meistgesuchte Rebell, konnte von Glück sagen, dass er nicht «auf der Flucht erschossen» wurde. Er hatte sogar doppeltes Glück, weil er dann schließlich von seinen Häschern befehlswidrig nicht in die Kaserne, was seinen sicheren Tod bedeutet hätte, sondern ins Gefängnis gebracht wurde, also unter die Kontrolle der Justiz. Und dort konnte er sich auf seinen Prozess vorbereiten.

Vor dem Gericht, das am 16. Oktober tagte, wurde rasch deutlich, dass der Angriff auf die Moncada nur militärisch gescheitert war; politisch wurde er zum Fanal – zum Zeichen, dass die Diktatur angreifbar war. Der Jurist und Anwalt in eigener Sache rechnete mit der kubanischen Gesellschaft ab, genauer gesagt, mit ihrer raffgierigen, korrupten Obrigkeit. Aus seiner Verteidigungsrede wurde ein gut zweistündiges Plädoyer für die Entrechteten und Armen des Landes; vor allem für die Landarbeiter und Kleinbauern, die in seinen Augen schlechter lebten als die Indianer vor der Ankunft des Kolumbus. Eindringlich führte er das gegenwärtige Kuba vor Augen, Bild für Bild zeichnete er die krassen Gegensätze zwischen dem ländlichen Elend und dem verschwenderischen Reichtum in der Stadt nach.

Das Einkommen der Landbevölkerung fiel damals extrem niedrig aus, obwohl die Lebenshaltungskosten zwischen 1937 und 1952 um das gut Zweieinhalbfache gestiegen waren. Vor allem die Preise für Fleisch, Fisch und Milch hatten kräftig angezogen. Die Bauern und Landarbeiter konnten es sich paradoxerweise nur in höchst bescheidenem Maße leisten zu konsumieren, was sie selbst produzierten. Es herrschte chronische Unterernährung auf dem Land; die aufgedunsenen Hungerbäuche der Kinder machten es jedem sichtbar. Notgedrungen ernährte sich die Landbevölkerung einseitig, also ungesund. Nur selten kamen in den Bohíos Nahrungsmittel mit tierischem Eiweiß auf den Tisch. Eine katholische Studiengruppe, die gewiss über den Verdacht erhaben war, die Verhältnisse im Sinne der Sozialrevolutionäre zu verzeichnen, stellte 1958 fest, dass es nur in 11 Prozent der ländlichen Haushalte regelmäßig Milch gab, Fleisch nur in jedem 25. Haushalt, Eier nur in jedem 50. und Fisch nur in jedem 100.[76]

Mit bemerkenswertem Selbstbewusstsein und strategischem Geschick ignorierte Fidel Castro die Anklagepunkte schlichtweg. Stattdessen analysierte er die menschlichen Leiden und sozialen Krankheiten, die Kuba befallen hatten, um dann die Notwendigkeit eines revolutionären Wandels hervorzuheben. Den Richtern und Anklägern verschlug es erst einmal die Sprache – eine solche

Fidel Castro beim Verhör nach dem missglückten Angriff auf die Moncada-Kaserne, Ende Juli 1953. Rechts von ihm der Offizier, der ihn vor einem schnellen Ende bewahrt hatte

verkehrte Welt, in der sich der Delinquent zum Ankläger aufschwang, hatte man im Gerichtssaal noch nicht erlebt.

Die sozialen Probleme, die es mit dem Sturz der Batista-Diktatur zu lösen galt, drängten sich einem sensiblen Menschen wie Fidel Castro, der das Landleben aus eigener Erfahrung kannte, förmlich auf. Noch wollte er die sozialen Übel nicht im radikalen sozialrevolutionären Sinne an der Wurzel gepackt sehen. Er verlangte zuallererst die Rückkehr zur Demokratie und die Achtung der liberalen Verfassung von 1940. Weitere Forderungen waren eine Sozialreform sowie eine Agrarreform zugunsten der Kleinbauern und Pächter. Er berief sich auf Geistesgrößen wie John Milton, John Locke, Jean-Jacques Rousseau und Thomas Paine; er beschwor Montesquieus «Geist der Gesetze» und die Naturrechtstradition. Nicht von ungefähr erinnerte Castro an die liberale Philosophie, Grundlage der englischen Revolution von 1688, der amerikanischen Revolution von 1776 und der Französischen Revolution von 1789. Und eindringlich stellte er, an die Ideen von Martí gemahnend, die rhetorische Frage: *Kuba, was wäre aus dir geworden, wenn du deinen Apostel hättest sterben lassen?* Bevor er es den Richtern überließ, einen Schuldspruch zu fällen, versicherte er am Ende seines Plädoyers: *Was mich angeht, weiß ich, dass das Gefängnis hart sein wird, so wie es nie zuvor für jemanden gewesen ist, voll Drohungen, voll niederträchtiger und feiger Wut, aber ich fürchte es nicht, wie ich auch nicht die Wut des elenden Tyrannen fürchte, der 70 meiner Brüder ums Leben brachte. Verurteilt mich, es macht nichts, die Geschichte wird mich freisprechen.*[77]

Die Richter in Santiago de Cuba mochten persönlich von dieser Philippika beeindruckt gewesen sein, doch der Gehorsam gegenüber dem Diktator überwog. Sie verurteilten Fidel Castro zu fünfzehn Jahren, seine engsten Gefährten, darunter sein Bruder Raúl, zu dreizehn Jahren Gefängnis. Einen Teil der Strafe saßen sie auf der Isla de la Juventud, Insel der Jugend, ab. Dabei hätte es gerade jetzt der Castro'schen Anwesenheit in Havanna bedurft.

Seine Verteidigungsrede *Die Geschichte wird mich freisprechen*, von deren Verbreitung er sich eine fulminante Resonanz bis hin zum Ausbruch einer Revolution erhofft hatte, war nur sehr mühsam unters Volk zu bringen. Mit seinen Parteifreunden bei den «Ortodoxos» ließ sich kaum reden. Sie hielten offensichtlich ihr Soll damit für erfüllt, dass sie 1955 ein Komitee ausschickten, um den auf Druck der Öffentlichkeit amnestierten Castro bei seiner Rückkehr aus dem Gefängnis von Nueva Gerona zu begrüßen. Dabei blieb es dann auch. Man ließ ihn außen vor, selbst wenn es um zentrale politische Fragen ging. Ende Mai 1955 gaben die Parteioberen ein Manifest heraus, «in dem die Wiederherstellung der Verfassungsgarantie gefordert wurde. Unterzeichnet war es von Luis Conte Agüero, Emilio Ochoa und anderen Mitgliedern der Partei. Castros Name wurde nirgendwo erwähnt. Nicht einmal bei der Erarbeitung des Manifests wurde er von seinen Parteifreunden konsultiert.»[78]

Der Zugang zu den Medien wurde Castro verwehrt, die Zeitschrift «La Calle» dann auch von Batista verboten. Dasselbe geschah mit Castros Hausorgan «Alerta». Die Ausgabe vom 7. Juni 1955 enthielt einen Beitrag Fidel Castros, der gespickt war mit

Invektiven gegen Batista, der sei *eitel, aufgeblasen, unehrlich und korrupt.* Die Sprache des Diktators sei *grob und vulgär.* Direkt an Batista gewandt, warnte er: *Beleidigen oder erniedrigen Sie das Volk nicht länger mit Worten, Reden oder Taten, die die kubanischen Gefühle verletzen [...]. Ihre Tyrannei wird nur die Kräfte wecken, die früher oder später für Ihre Zerstörung sorgen.*[79]

Es wurde Zeit für Fidel Castro, sich abzusetzen, bevor der Diktator nach all den persönlichen Anwürfen rotsehen würde. Am 7. Juli 1955 verließ der Revolutionär im Wartestand Kuba und machte sich auf den Weg nach Mexiko, nicht ohne an alle wichtigen Politiker einen Brief geschrieben zu haben, von dem die Presse jeweils Kopien erhielt: *Als Anhänger Martís glaube ich, dass die Stunde gekommen ist, da wir uns unsere Rechte nehmen müssen, anstatt um sie zu betteln, da wir um sie kämpfen müssen, anstatt um sie zu bitten.*[80]

WIDERSTAND UND AUFBRUCH

EXIL IN MEXIKO

Als Fidel Castro mit einigen Gefährten in Mexico City ankam, fand er eine für seine politischen Pläne im Großen und Ganzen recht günstige Atmosphäre vor. Man war sich mit den Mexikanern, die stolz auf ihre Revolution von 1910 verwiesen und noch von der Sozialromantik jener Jahre schwärmten, einig in der Ablehnung von Fremdherrschaft, Faschismus und Diktatur. Am Fuß des Martí-Denkmals in Mexiko-Stadt rief Castro am 10. Oktober 1955 die Lateinamerikaner in einer flammenden Rede dazu auf, im Kampf gegen die Unterdrücker *das Denken Martís mit dem Schwerte Bolívars* zu verbinden.

«Mexiko-City galt lange als sicherer Hafen für Exilierte und Ausgebürgerte, die Zuflucht vor dem Terror der Batista-Diktatur suchten. María Antonia González de Poloma gehörte zu dieser Art von Flüchtlingen.» Statt einfach nur auf bessere Zeiten zu warten, betätigte sie sich als «Sozialarbeiterin» für ihre Landsleute. «Sie bekochte die fast mittellosen Brüder Castro in der ersten Zeit nach ihrer Ankunft in Mexiko-Stadt.»[81] Obwohl die mexikanische Metropole ein kosmopolitisches Ambiente und eine kulturelle Vielfalt ohnegleichen bot, blieb sie Fidel Castro fremd. Er kannte kaum jemanden in diesem Moloch von Stadt, fühlte sich einsam und isoliert.

Was den ansonsten meist gut aufgelegten Castro damals besonders bedrückte, war die Abhängigkeit, in der er in Mexiko lebte. Immerhin lag er noch mit beinahe dreißig Jahren den Eltern auf der Tasche. Der Zwang, sich wieder und wieder Geld für den Lebensunterhalt borgen oder erbetteln zu müssen, machte ihn krank. In einem Brief an Melba Hernández vom Juli 1955 klagte er kleinlaut:

Ich habe hier keinen Wecker. Wenn ich verschlafe, verpassen wir den Briefträger. Also gehe ich nicht schlafen. Ich habe eine Erkältung und huste. Mein ganzer Körper schmerzt[82] – und gelüstete nach einer kubanischen Zigarre!

Raúl Castro und Che Guevara während einer Feuerpause im Guerillakrieg 1957 – 59

Da traf es sich gut, dass in Mexiko ein achtundzwanzigjähriger Argentinier auf seinen Einsatz als Guerillero sozusagen wartete, darauf aus, sich am Befreiungskampf gegen eine Diktatur in Lateinamerika zu beteiligen: Che Guevara.

Raúl Castro machte ihn mit seinem Bruder Fidel bekannt. Er arrangierte das erste Treffen der beiden in der Wohnung von María Antonia González. Und es dauerte nicht allzu lange, bis der revolutionäre Funke übersprang. Sie sprachen über alle möglichen Themen, redeten über Gott und die Welt. Vor allem aber, wie sich Che Guevara später erinnerte, über internationale Politik und über Revolutionen: die gescheiterte in Guatemala und die bevorstehende auf Kuba. Zehn Stunden sollen die beiden geredet haben, bis zur Morgendämmerung.

Ernesto Guevara de la Serna, geboren 1928 in Rosario, Argentinien, war wegen der Asthmaattacken, die ihn schon als Zweijährigen befielen, im Bergland der Provinz Córdoba, in Alta Gracia, aufgewachsen. Während seines Medizinstudiums an der Univer-

45

sität von Buenos Aires hatte er mit nur wenigen Pesos und Dollars in der Tasche per Fahrrad mit Hilfsmotor das Armenhaus Argentiniens, die Nordprovinzen seines Heimatlands, durchstreift. Ende 1952 bereiste er mit einem Freund ganz Südamerika, Chile, Peru, Kolumbien, bis er schließlich in Venezuela auf Leprastationen aushalf. Er war hier nicht als üblicher Tourist, sondern als «Sozialforscher» und «Helfer» unterwegs, wie sein Vater später in seinem biographischen Erinnerungsbuch «Mein Sohn Che» erläuterte.

Die Konfrontation mit dem Elend in Mittel- und Südamerika legte in ihm den Keim zum Revolutionär. In Guatemala erlebte Guevara 1954 den Sturz des sozialreformerischen Präsidenten Jacobo Arbenz Guzmán mit, der es gewagt hatte, im Zuge einer Agrarreform auch brachliegende Ländereien der United Fruit Company (UFC) zu enteignen. Das hatte die US-Regierung auf den Plan gerufen, die in derlei Maßnahmen Machinationen des Kommunismus witterte.

Che Guevara geriet mitten in die Ereignisse und beteiligte sich an dem Versuch, die Revolution zu retten, die keine mehr war. Die Söldnerarmee, die im Juni 1954, ausgerüstet, gelenkt und flankiert vom amerikanischen Geheimdienst CIA, in Guatemala-Stadt einmarschierte, machte dem Reformregime ein Ende.

Der tatendurstige Argentinier musste fliehen und machte sich, um viele Erfahrungen reicher, auf den Weg nach Norden, nach Mexiko-Stadt. «In Guatemala bin ich gereift und zu dem geworden, was einen wirklichen Revolutionär ausmacht», berichtete er in einem Brief nach Hause. Und in Guatemala wurde er zum «Che», ein Wort für «Kumpel» oder «Freund» im Süden Südamerikas, in Argentinien ein weitverbreiteter, freundlicher Ausdruck, um jemanden zu begrüßen – zu übersetzen mit «He, du!» Da Guevara in fast jedem Satz das Guaraní-Wort benutzte, gewöhnten sich seine kubanischen Freunde an, ihn «El Che Argentino» und schließlich einfach «Che» zu nennen.

Che Guevara überlieferte Jahre später, wie Fidel Castro bei diesem ersten denkwürdigen Zusammentreffen auf ihn gewirkt hatte. «Ich lernte ihn an einem dieser kalten mexikanischen Abende kennen, und ich erinnere mich, dass es in unserem ersten Gespräch um die internationale Politik ging. Castro war vorsichtig. Er stellte mir viele Fragen zur Revolution [...].»[83] «Am

frühen Morgen, nach den wenigen Stunden unserer Begegnung»,
so Che Guevara, «war ich bereits einer seiner zukünftigen Revolutionäre.» Und zwar als Arzt des Befreiungsheers – der später in
die militärische Hierarchie der Guerilla aufgenommen und dann
selbst zum «Comandante» befördert würde.

«Castro redete, Che Guevara hörte zu.»[84] Trefflicher ließ
sich die «Arbeitsteilung» zwischen den beiden Muster-Guerilleros kaum beschreiben. Che Guevara über Fidel: «Von Beginn an
war ich Fidel durch das Gefühl einer romantischen Sympathie,
des Abenteuers und durch die
Überzeugung verbunden, dass
es wert sein werde, für ein
solch reines Ideal am Strand
eines fernen Landes zu sterben.» Fidel über Che: *Er war
eine unvergleichliche Führerpersönlichkeit. Vom militärischen
aus war Che ein außergewöhnlich fähiger Mann.* Wie sehr sich
die beiden, die dasselbe wollten, nämlich ein freies Kuba
(«Cuba libre»), unterschieden,
wusste kaum jemand besser als
die mit beiden vertraute Lucila

«Die wirklich wichtigen Frauen in
seinem Leben sind keine Projektionsflächen für erotische Phantasien. Sie
sind weitaus bodenständiger und
unterstützen Fidel Castro in seinem
politischen Kampf. Seine erste Frau
Mirta Díaz-Balart setzt sich für ihren
Mann ein, als er verhaftet wird. Die
Geliebte Naty Revuelta stellt ihr
Haus als geheime Kommandozentrale für die Vorbereitungen zum Moncada-Überfall zur Verfügung. Und die
Revolutionsgefährtin Celia Sánchez
bleibt bis zu ihrem Tod 1980 Castros
engste Vertraute.»
Jeanette Erazo-Heufelder, Fidel.
Ein privater Blick auf den Máximo Líder

Velásquez: «Fidels Leidenschaft für Kuba und Guevaras revolutionäre Ideen entzündeten sich aneinander wie ein Steppenbrand,
der hell auflodert. Der eine war impulsiv, der andere nachdenklich; der eine gefühlsbetont und optimistisch, der andere kalt und
skeptisch. Der eine war nur an Kuba gebunden, der andere an ein
ganzes Netz von sozialen und wirtschaftlichen Zusammenhängen.»[85] Dass sich beider Lebenslauf mit diesem Zusammentreffen
stark veränderte, darüber sind sich die Biographen einig. Ohne
Ernesto Guevara wäre Fidel Castro vielleicht niemals Kommunist geworden. Und ohne Fidel Castro wäre Ernesto Guevara möglicherweise nie mehr gewesen als ein marxistischer Theoretiker,
ein idealistischer Intellektueller.

SCHULE DER REBELLEN

Fidel Castro hatte angekündigt, die Expedition zum Sturz des Batista-Regimes solle sich noch vor Ende des Jahres 1956 nach Kuba aufmachen. Doch die Zeit wurde knapp, und weiterhin fehlte das Geld für das gewagte Unternehmen. Castro wurde ungeduldig. Da war er dann auch nicht mehr so wählerisch in Bezug auf seine Geldgeber. Ausgerechnet der frühere Präsident Prío Socarrás, einer der dreistesten Räuber öffentlicher Mittel, spendete für «Castros Sache» 50000 Dollar. Vermutlich wollte er sich damit Chancen für eine zweite Präsidentschaft erkaufen. «Carlos brannte darauf, mit Fidel zu sprechen.»[86] So trafen sich der ehemalige und der künftige Präsident Kubas, Carlos Prío und Fidel Castro, auf abenteuerliche Weise irgendwo an der mexikanisch-amerikanischen Grenze. Um Ärger mit den mexikanischen Behörden zu vermeiden, für die er nach Ablauf seiner Karenzzeit als «Illegaler» galt, schwamm Castro durch den Río Grande zum Treffpunkt auf der anderen Seite, wo Prío ihn erwartete.

Eingefädelt hatte dieses Treffen Teresa Casuso, eine Intimfreundin Príos. Und Castro, der den Ex-Präsidenten bis dahin zutiefst verachtet hatte, leistete ihm nach seiner Rückkehr Abbitte; er rühmte die Menschlichkeit und den noblen Charakter Príos. (Doch Fidel, «der stets bei allem der Erste sein musste, wurde nebenbei bemerkt wütend», als Teresa dann Prío als ihren besten Freund bezeichnete und als einen derjenigen, die sie nie im Stich gelassen hatten. *Und ich?, was bin ich? Der Zweitbeste?* Es war eine unerträgliche Vorstellung für Castro, einmal nicht der Beste zu sein.[87])

Bis in den Dezember 1955 hinein, genauer, vom 12. Oktober bis zum 10. Dezember 1955, war Castro dann in den USA unterwegs, um auf den Spuren von José Martí bei den kubanischen «Gastarbeitern» und Exilanten in Miami, Tampa und Key West, später dann auch in Philadelphia, Union City (New Jersey) und natürlich New York City Spenden für den Befreiungskrieg zu sammeln. Viel brachte er zwar nicht zusammen, aber: «Immerhin hört man ihm zu. In der New York Palm Garden Hall tritt er vor 800 Zuhörern auf, im Flagler Theatre in Miami sind es mehr als 1000. Die Exilanten und Geschäftsleute sind beeindruckt vom leidenschaftlichen Auftreten dieses eleganten jungen Mannes im Zweireiher mit Weste und gestreifter Krawatte.»[88]

Die Rebellen Fidel Castro und Camilo Cienfuegos. Im Vordergrund die Yacht «Granma», mit der sie von Mexiko aus nach Kuba
übersetzten, um den Guerillakampf gegen die Batista-Diktatur aufzunehmen. Fotomontage

Das Gros der gesammelten Spenden wurde für Waffen aus-
gegeben und für das sagenhafte Boot, das die Rebellen nach Kuba
bringen sollte. «Granma» (Großmutter) hieß die Yacht, die sich
Castro in der Eile von einem Amerikaner namens Robert B. Erick-
son hatte aufschwatzen lassen. Eigentlich ein schrottreifes Gefährt, jedoch zu einem Preis von 25 000 Dollar für die «Bewegung
26. Juli» gerade noch erschwinglich.

Bevor die Rebellen auf diesem «Seelenverkäufer» in See ste-
chen konnten, gab es noch einiges zu tun. Die angehenden Guerilleros brauchten wenigstens ein Minimum an militärischer Ausbildung. Die bekamen sie von einem erfahrenen alten Kämpfer, dem
einäugigen Alberto Bayo Giroud, der im Spanischen Bürgerkrieg
aufseiten der Republikaner gekämpft hatte. Zur Begrüßung soll
Fidel ausgerufen haben: *Sie sind Kubaner, und Sie haben die Pflicht,
uns zu helfen.* Und Bayo half.[89] Nachdem die Rebellen auf der Finca
Santa Rosa, rund vierzig Kilometer vom Stadtzentrum von Mexico City entfernt, gedrillt worden waren, wähnte Castro sich einen
Schritt weiter. Er war längst geplagt von Konkurrenzangst und

(ungeachtet der Dementis nach seinem Sieg im Befreiungskrieg) von der Lust auf Macht.

Am 25. November 1956 um zwei Uhr morgens verließ die «Granma», ohne Lichter zu setzen und mit gedrosseltem Motor, den Hafen von Tuxpán. Im Zickzackkurs lief sie in den Golf von Mexiko ein, mit Kurs auf Kuba.

Noch ahnten die ungewöhnlichen Passagiere nicht, dass sie bei hohem Seegang in Regen und Sturm einer Horrorfahrt entgegensteuerten. Eingerichtet war die «Granma» für zwölf Personen, die es sich an Deck bequem machten und das karibische Ambiente genossen. Nun war sie mit 82 Mann hoffnungslos überladen.

Die Mehrzahl von ihnen – «eingezwängt wie die Sardinen» – wurde seekrank. Vieles von dem, was man mühsam an Nahrungsmitteln, Ausrüstungsgegenständen und Waffen beschafft hatte, ging notgedrungen über Bord. Die «Martianos» litten Durst und Hunger. Bis es durch den Yucatán-Kanal windwärts von Jamaika und der großen Cayman-Insel in Richtung Kuba ging, mochte manchen die Angst beschlichen haben, in einem Selbstmordkommando unterwegs zu sein.

Als die Yacht nach einer Woche am 2. Dezember 1956 im Südosten Kubas anlegte, nicht weit von Cabo Cruz, am Strand von Las Coloradas in der Provinz Oriente, glich diese Ankunft eher einem Schiffbruch als einer Landung, wie Raúl Castro sich erinnerte.

Die «Granma» lief auf Grund, das Beiboot ging verloren. Zu allem Unglück war man während der Überfahrt von Mexiko immer wieder vom Kurs abgekommen, weswegen sich die Ankunft verzögert hatte. Ursprünglich wollten die Rebellen am 30. November an einer anderen Stelle, näher bei Santiago, landen, denn dort probten Mitglieder der Bewegung, angeführt von dem jungen Frank País, bereits den Aufstand – vergeblich, wie sich zeigen sollte, weil ihnen die geplante Unterstützung Fidel Castros und seiner Männer fehlte. Dieser Mangel an Synchronisation wurde für die Rebellen zur Katastrophe.

«ARMEE VON SCHATTEN»

Die Expedition für die Freiheit Kubas stand zunächst unter keinem guten Stern. Die Batista-Armee hatte von der bevorstehenden Landung Wind bekommen. Ein Kutter der Küstenwache meldete die Ankunft der Rebellen, die daraufhin mit Flugzeugen der Batista-Armee unter Beschuss genommen wurden. Es dauerte schier endlose Tage, bis sich die Überlebenden durch den Mangrovendschungel hindurchgequält und ausgehungert und zum Umfallen erschöpft bis zu einem Zuckerrohrfeld durchgeschlagen hatten. Es war eine «Armee von Schatten» (Che Guevara), die da in den Krieg zog. Die bittere Ironie der Geschichte wollte es, dass der Ort, an dem die Aufständischen sich sammelten, Alegría de Pío hieß, Fröhlichkeit des Frommen.

Am 5. Dezember gerieten die Rebellen dort erneut ins Kreuzfeuer der Armee; jeder Zweite von ihnen fiel im Kugelhagel. Etwa zwanzig gerieten in Gefangenschaft und wurden von den «Batistianos» gnadenlos erschossen. Die Resttruppe war auf ein Dutzend Rebellen dezimiert, auf jenen Kern, der in Che Guevaras sogenannter Fokus-Theorie eine Rolle spielen sollte, als «Guerilla-Brennpunkt». Auch Che Guevara hatte diese erste «Feindberührung» überstanden, wenngleich in kläglicher Verfassung.

Sein Compañero Castro hatte die Sierra Maestra natürlich nicht allein aus Devotion für José Martí und die «Mambises» (die Kämpfer gegen die spanische Kolonialherrschaft) zum Schauplatz für den Befreiungskrieg erkoren. Dieses Gebiet mit den höchsten Erhebungen der Insel, darunter der Pico Turquino (1974 Meter), eignete sich für den Guerillakrieg wie kaum ein anderes. Die Vegetation, die sich in höheren Lagen zu üppigen Regenwäldern aus Baumfarnen verdichtete, bot den nötigen Schutz. Die Guerilla konnte sich unter dem dichten Blätterdach dem Blick der Suchflugzeuge entziehen, die oft genug vergeblich über dem bewaldeten Gelände kreisten. Und die Armeepatrouillen, die ins Hinterland vorstießen, machten mehr als einmal unverrichteter Dinge kehrt, wenn die Guerilleros im Dickicht untertauchten und wie vom Erdboden verschluckt blieben.

Anfang 1957 verschlechterte sich die Situation in ihrer Region. Eine «Mauer des gegenseitigen Misstrauens» entstand zwischen Guajiros (Bauern) und Guerilleros. Mit härtester Repression, indem sie «Verdächtige» ermordeten und ihre Hütten niederbrannten, versuchten Batistas Soldaten der Guerilla die nötige soziale Basis zu entziehen. Die Bauern gerieten zwischen die Fronten. Sympathisanten der Guerilla oder auch Landbewoh-

Fidel Castro
und Celia
Sánchez in
der Sierra
Maestra,
Ende 1957

Fidel Castro mit Aufständischen in der Sierra Maestra, 1958

ner, die nur in vagem Verdacht standen, mit den Revolutionären gemeinsame Sache zu machen, wurden zur Abschreckung hingerichtet. Und die Guerilla, die später in den «befreiten Gebieten» die Rechtsprechung übernahm, verhielt sich nicht anders und machte mit Spionen oder Zuträgern der Armee ebenfalls kurzen Prozess. Es häuften sich die Fälle von Desertion und Verrat, Mordpläne gegen Fidel Castro wurden aufgedeckt.

Das Leben des Befreiungsheers glich einem Belagerungszustand. Doch das Misstrauen, das die verschlossenen und einsilbigen Bewohner der Sierra Maestra gegen die Rebellen hegten, begann allmählich in dem Maße zu schwinden, in dem die Bauern des Unterschieds zwischen Guerilla und Armee gewahr wurden. Die Batista-Soldaten ließen ihre Gefallenen unbegraben und ihre Verletzten unbehandelt zurück. Die Guerilleros hingegen kümmerten sich nach eigenen Aussagen sogar um die verletzten Gegner. Was die Bauern erst in ungläubigem Staunen, dann mit Beifälligkeit wahrnahmen: Während die Soldaten sich rücksichtslos nahmen, was sie brauchten, bezahlten die Rebellen von Anfang an, was sie aßen und an Nahrungsmitteln mit auf den Weg bekamen. Und wenn ihnen das Geld fehlte, beglichen sie ihre Rechnung mit Schuldverschreibungen, einzulösen nach dem Sieg der Revolution.

Überdies verschärfte Batista seinen Terror gegen die Bauern, indem er sie für ein freies Schussfeld in der Sierra Maestra aus ihren Hütten vertreiben und in den Slums der Städte wie Vieh zusammenpferchen ließ. Der lautstarke Protest, der auf Kuba anhob, sowie die internationale Empörung darüber zwangen Batista, die Aktion abzublasen. Elend und dezimiert, kehrten die Bauern auf «ihr» Stückchen Land zurück, das in Wirklichkeit meist gar nicht ihres war. Was die Guerilleros mit ihrem Werben um die Sympathien der «precaristas», der Kleinbauern, die in höchst unsicheren und unergiebigen Pachtverhältnissen lebten, nicht geschafft hatten, das war Batista mit seiner brachialen Politik ganz unfreiwillig gelungen, nämlich die Guajiros gegen sich und seine Soldateska aufzubringen und zu Verbündeten der Rebellion zu machen. Nach und nach schlossen sich nun also auch Bauern dem Befreiungskampf an.

Am 12. Februar war die Guerilla über ihren «harten Kern» hinaus auf achtzehn Mann angewachsen; im März / April 1957 hatte

Diktator Batista vor einer Reliefkarte Kubas, auf der er zeigen will, wie umfassend die Armee die Guerilla isoliert und eingeschlossen habe, April 1958

der Zulauf aus den Tälern und den Kleinstädten am Fuß der Berge ihre Zahl auf 80 Guerilleros erhöht; ein Jahr später zählte sie etwa 300 Kämpfer; und im Sommer 1958 nahmen rund 800 Kubaner am Befreiungskrieg in der Sierra Maestra teil.

Batista hatte zunächst versucht, die Existenz der Guerilla einfach zu leugnen. Unmittelbar nach der missglückten Landung der «Granma» hatten Presseberichte Fidel Castro und Che Guevara totgesagt. Die «Armee von Schatten» hatte sich den Medien zufolge in nichts aufgelöst. Um die Mauer des Schweigens und der Desinformation zu durchbrechen, luden die Rebellen den erfahrenen amerikanischen Journalisten Herbert L. Matthews von der «New York Times» ein, sich an Ort und Stelle ein Bild vom Befreiungskampf gegen die Batista-Diktatur zu machen.

Matthews, ein «alter Hase», der als Berichterstatter im Spanischen Bürgerkrieg gewesen war und Lateinamerika besser kannte als die meisten Yankees, erreichte auf Schleichwegen, als Tourist getarnt, das Lager der Guerilla. Im Morgengrauen des

17. Februar 1957 begegnete er Fidel Castro, den er als eindrucks-
vollen Gesprächspartner erlebte: «Die Persönlichkeit dieses Mannes ist überwältigend», schrieb er. Die «New York Times» brachte
am 24. Februar den ersten Beitrag des Korrespondenten unter dem
Titel: «Besuch im Versteck des kubanischen Rebellen». Untertitel:
«Castro ist noch am Leben und kämpft weiter in den Bergen».[90]
Ein beigefügtes Foto zeigte Castro in martialischer Pose mit seiner Waffe (mit Zielfernrohr), einem Fremdenlegionär oder dem
«Terminator» ähnlicher als einem dreißigjährigen Revolutionär,
der sein Land nicht nur von der politischen Diktatur befreien, sondern auch die Gesellschaft verändern wollte.

Der Besuch von Matthews war eine politische Sensation und
ein journalistisches Bravourstück. Batista stand nun als Lügner
da, der nicht anders aus der schlimmsten militärischen Bredouille
herauszukommen und seine Soldateska moralisch aufzurüsten
vermochte.

Die Reportage von Herbert L. Matthews machte in den USA
Furore. Sie weckte das Interesse der Medien an den Barbudos, deren imposante Bärte sie von den Campesinos, den glattrasierten
oder stoppelbärtigen Bauern, unterscheiden sollten. Und die Sympathien für die Guerilla wuchsen.

«TERRITORIO LIBRE»

Hatte während der ersten Wochen in der Sierra tausendundeine
Schwierigkeit die Rebellen in eine ständige moralische Krise gestürzt, verschaffte ihnen nun im Frühjahr 1957 eine ganze Reihe
von Ereignissen Luft. Darunter der Sieg über eine Militäreinheit
bei La Plata – das erste erfolgreiche Gefecht.

Nachdem sich die Rebellen bis dahin wegen ihrer geringen
Zahl und ihrer miserablen Bewaffnung auf die Nadelstich-Taktik
unvermuteter Hinterhalte mit blitzschnellen Rückzügen hatten
beschränken müssen, traten sie nun am 28. Mai 1957 sogar am
helllichten Tag zum ersten Frontalangriff auf eine Kaserne an, den
Armeeposten von El Uvero. Die psychologische Bedeutung ihres
Erfolgs war dabei kaum zu überschätzen.[91]

Die Aktion von El Uvero besiegelte dann auch das Schicksal
der kleinen Garnisonen. Die Armee zog sich auf größere Standorte
zurück, die massiver befestigt waren. Damit überließ sie der Gue-

rilla das Terrain über weite Strecken, sodass schon bald von einem «territorio libre», von einem «befreiten Gebiet», die Rede war. Die Batista-Soldaten wagten sich nur noch gelegentlich in die Sierra, und Ende August 1957 zog sich die Armee schließlich völlig aus den Bergen zurück. Die Guerilla konnte nach der Nomadenexistenz der ersten Monate in ein «sesshaftes Stadium» übergehen, wie Che Guevara es in seinen «Aufzeichnungen aus dem kubanischen Befreiungskrieg 1956–1959» formuliert hat.[92]

Fortan operierte die Rebellenarmee an mehreren Fronten; zugleich baute sie in erstaunlich kurzer Zeit ein eigenes politisches und soziales Gefüge auf. Dabei wurden trotz des akuten materiellen Bedarfs des Befreiungskampfes bereits Versuche unternommen, der Landbevölkerung und den Guerilleros, die kaum je eine Schule von innen gesehen hatten, ein wenig Bildung zu vermitteln. Che Guevara brachte einige Lese- und Schreibunkundige unter den Kameraden dazu, die Angst vor dem Spott der Mitkämpfer zu überwinden und sich in den Feuerpausen in ABC-Schützen zu verwandeln – das war der Auftakt zum späteren «Feldzug» gegen den Analphabetismus.

Fidel Castro mit drei Krankenschwestern, die für seine «Bewegung 26. Juli» in der Sierra Maestra arbeiten

Dr. med. Guevara richtete Gesundheitsposten ein und hielt ärztliche Sprechstunden ab, so oft es ging: Grundstein für eine medizinische Versorgung auf dem Land, die bis dahin unbekannt war. Obwohl der Argentinier gegen die Mangelkrankheiten, die mit der Armut, der Unterernährung und den schlechten sanitären Verhältnissen einhergingen, nicht viel tun konnte, erwarb er sich die Sympathien seiner Patienten. Hatten sie doch zum ersten Mal in ihrem Leben das Gefühl, wie Menschen behandelt zu werden.

Die Guajiros, die ein Nachrichtensystem für das Rebellenheer organisierten, um sie über die feindlichen Bewegungen auf dem Laufenden zu halten, schufen damit zugleich den Ansatz für ein Kommunikationsnetz zwischen den isolierten Bevölkerungsteilen. Es entstanden außerdem eine Art Rechtssystem, eine (illegale) revolutionäre Verwaltung und einige minimale «industrielle Einrichtungen», darunter eine Schmiede, in der defekte Waffen instand gesetzt sowie Sprengkörper und Minen oder teuflische M-26 (Molotow-Cocktails) hergestellt wurden.

Für die alltäglichen Bedürfnisse sorgten eine kleine Zigarrenfabrikation, eine Bäckerei und eine Schlachterei. Als besondere Errungenschaft konnten die Guerilleros obendrein einen Sender installieren, die Stimme der Sierra Maestra: Aqui Radio Rebelde. Transmitiendo desde la Sierra Maestra, en territorio libre. (Sie hören das Radio der Rebellen, wir senden aus der Sierra Maestra, dem Gebiet des freien Kuba.) Dieser Sender half, den Diktator mitsamt seinen unverfrorenen Desinformationen bloßzustellen, außerdem leistete er bei der Organisation des illegalen Kampfes gute Dienste.

Was Castro wieder und wieder beunruhigt hatte und was er durch das Aktionsbündnis mit den Studenten hatte verhindern wollen, war allerdings eingetreten: Entgegen den Abmachungen im Anti-Batista-Bündnis, bei Aktionen gegen den Diktator der Bewegung Castros den Vortritt zu lassen, waren die radikalen Studenten des Directorio Revolucionario unter der Führung von José Antonio Echeverría vorgeprescht – am 13. März 1957 hatten etwa 150 junge Gegner des Diktators den Präsidentenpalast gestürmt. Es erging ihnen ähnlich wie den «Moncadistas» vier Jahre zuvor. Einige ihrer Fahrzeuge blieben auf dem Weg zum Präsidentensitz in einem Verkehrsstau stecken. Und diejenigen, denen es gelang, in den Palast einzudringen, wurden Batistas nicht habhaft, da er vermutlich durch einen Geheimgang hatte flüchten können. Minuten später waren stattdessen Polizei- und Militäreinheiten zur Stelle, die unter den Jugendlichen ein furchtbares Massaker verübten. Deren Anführer Echeverría hatte mit einigen Kommilitonen für Minuten eine Radiostation besetzen können. Doch als er den Tod des Präsidenten melden wollte – aufgrund irriger Informationen –, war das Mikrofon bereits abgeschaltet worden. Bei einer wilden Schießerei an einer Polizeisperre kam Echeverría anschließend ums Leben.

Die Führer der Partido Socialista Popular (PSP) sahen sich in ihrer Ablehnung des bewaffneten Kampfes bestätigt. Sie gaben einem politischen Generalstreik den Vorzug – etwa so, wie der Ausstand vom 12. August 1933 der Despotie des Präsidenten Machado ein Ende bereitet hatte. Castro war prinzipiell bereit, sich an dem für Anfang April 1958 geplanten Ausstand zu beteiligen, als «letzte Warnung» an den Diktator. Nur gelang es ihm nicht, seine Anhänger in den Städten für eine Zusammenarbeit mit den Kommunisten und diese für eine tatkräftige Unterstützung der Aktion aus den Betrieben heraus zu gewinnen. Die wechselseitigen Misshelligkeiten lähmten die Vorbereitungen zum landesweiten Ausstand, und so musste der Generalstreik vom 9. April, einem «tragischen April», wie Che Guevara nachträglich beklagte, mit einem Fiasko enden: Gewerkschafter und Kommunisten ignorierten in großer Zahl den Aufruf zum Ausstand. Fulgencio Batista konnte sich die Hände reiben, brauchte er sich doch nicht einmal zu bemühen, einen Keil zwischen die verschiedenen Lager der Opposition zu treiben. Das besorgten diese selbst, durch Ranküne aller Art.

Das Leben ging indessen weiter, ein Korrespondent der FAZ berichtete am 11. April 1958 aus der kubanischen Hauptstadt: «Die Kämpfe auf Kuba haben mit dem Fehlschlag des Versuchs des Rebellenführers Fidel Castro, durch den Aufruf zum Generalstreik den Bürgerkrieg in die Hauptstadt zu tragen, einen vorläufigen Höhepunkt überschritten. Staatspräsident Batista konnte sich behaupten – vielleicht muß man hinzufügen: noch einmal. Niemand vermag, nicht zuletzt wegen der Nachrichtensperre, genau zu sagen, wie stark seine Diktatur noch ist. Was ihn an der Macht hält, sind die höheren Offiziere der Armee, die Polizei und

Castro mit seinem Kommandostab in der Sierra Maestra, 1958

seine Leute in der Führung der Gewerkschaften.» Hinzu kam, dass die wirtschaftliche Lage des Landes nicht schlecht war. Der Zucker fand guten Absatz, und die amerikanischen Touristen hielten Kuba noch immer für ein Urlaubsparadies sondergleichen, obendrein gut erreichbar.

Während sich die amerikanischen und sonstigen Touristen tagsüber in der Sonne aalten und abends in Hemingways Stammlokal «La Floridita» beim Cocktail amüsierten, veranstaltete das Regime des einstigen Sergeanten Batista draußen auf der Straße eine Menschenjagd nach den Organisatoren des Streiks.

«Bis zum Morgengrauen», so der deutsche Korrespondent weiter, «waren Polizeistreifen damit beschäftigt, Aufständische einzeln oder in Gruppen in ihren Schlupfwinkeln aufzustöbern. Wiederholt kam es zu Schußwechseln zwischen Polizisten und Rebellen, die in schnellen Autos durch die Straßen rasten. Die Polizei schoß schließlich ohne Warnung auf jeden Verdächtigen.»

Es fiel der «Bewegung 26. Juli» nach diesem «schmerzlichen Misserfolg», dem verunglückten Streik, weiterhin schwer, mit den weniger revolutionär gesinnten, auf Machtgewinn bedachten

Gegnern Batistas auch nur einen Minimalkonsens zu finden. Felipe Pazos und Raúl Chibás (der Bruder des legendären Gründers
der orthodoxen Partei), zwei Sprecher an der Spitze der Bewegung,
hatten sich einmal bemüßigt gefühlt, ihre klimatisierten Villen zu
verlassen und sich in der Gluthitze der Sierra Maestra mit Fidel
Castro auf ein Programm für die Nach-Batista-Ära zu verständigen.
Heraus kam ein äußerst gemäßigtes Programm, das gleichermaßen die politischen Freiheitsrechte wie die sozialen Grundrechte
hervorhob.

Dieses «Manifest der Sierra» vom 12. Juli 1957 kündigte den
baldigen Beginn einer intensiven Kampagne gegen den Analphabetismus und für eine staatsbürgerliche Erziehung an. Es verhieß
eine beschleunigte Industrialisierung, die Schaffung neuer Ar-
beitsplätze und eine Landreform zugunsten der Kleinpächter. Von
einer Verstaatlichung der Industrie, von der gemunkelt wurde, sie
könnte die Gesellschaft sprengen, kein Wort! Und auch das Thema Kollektivierung der Landwirtschaft schien an jenem Julitag
nicht der Rede wert gewesen zu sein.

Nur mühsam war den autoritätsgläubigen Emissären der Opposition und der Emigranten die Zustimmung dafür abzuhandeln
gewesen, dass nach dem Sturz Batistas unter keinerlei Umständen
eine Militärjunta den Präsidenten ersetzen durfte. Die jungen
Aufständischen kannten aus der Geschichte Lateinamerikas die
Eigendynamik solcher Militärregierungen, die sich dann unverse-
hens zum Staat im Staat entwickelten.[93]

Umso ungehaltener zog Fidel Castro am 14. Dezember 1957 in
einem offenen Brief über den «Pakt von Miami» her, den opposi-
tionelle kubanische Gruppen sechs Wochen zuvor, am 1. November, in Florida geschlossen hatten. Weil darin eine Militärjunta für
die Übergangsphase zur Demokratie in Betracht gezogen wurde,
beschuldigte er die ungeliebten Verbündeten des «Betrugs». Kategorisch verlangte er im Interesse Kubas, *als kostbarstes Erbteil seiner
Befreier die zivile Tradition* zu bewahren. Und erbost musste Fidel
Castro feststellen, dass die «Bewegung des 26. Juli» niemanden
nach Miami entsandt hatte, um für sie zu sprechen. Zornig machte er auf die führende Rolle der Bewegung im bewaffneten Kampf
aufmerksam. Eine neue Regierung sollte sich auf die Verfassung
von 1940 stützen.

Als sich das Jahr 1957 seinem Ende zuneigte, war die Guerilla stark genug, um strikt auf ihrer Führungsrolle zu beharren, die sie nun in allen weiteren Konflikten übernehmen werde. Sie bestritt den soignierten Herren, die im schönen Florida in gepflegter Atmosphäre über den Befreiungskrieg und seinen Ausgang geplaudert hatten, die nötige Kompetenz, um einen besonderen Platz in den neuen politischen Institutionen nach Batista einnehmen zu können. Fidel Castro und seine Gefolgsleute insistierten, dass die Revolution nicht von Miami aus geleitet werde, sondern aus der Sierra Maestra und dem städtischen Untergrund.[94]

So sprechen die alten Barden
Von Heberto Padilla

Vergiss es nicht, Dichter.
An jedem Ort und zu jeder Zeit,
da du Geschichte machst
oder Geschichte erleidest,
beschattet dich immer
ein gefährlich Gedicht.
Ernesto Cardenal, In Kuba –
Bericht von einer Reise

Auf dieser Basis wurde am 20. Juli 1958 ein neuer Pakt mit der gemäßigten Opposition geschlossen. Das sogenannte Abkommen von Caracas sollte die leidigen Querelen um den Waffennachschub für die Guerilla beenden und deren bewaffneten Kampf mit dem zivilen Widerstand verknüpfen. Die Vertreter der verschiedenen Anti-Batista-Organisationen versprachen ihren geplagten Landsleuten eine Rückkehr zur Demokratie. Außerdem einigte man sich auf soziale, ökonomische und institutionelle Reformen, die nunmehr in Angriff genommen werden sollten. Und unisono verlangten die Unterzeichner des neuen Paktes von den USA, dass sie sich in Zukunft aller Formen der Einmischung in innerkubanische Angelegenheiten zu enthalten hatten.

In den USA war indessen eine etwas andere Sicht des Kriegs aufgekommen, den Fidel Castros Guerilla auf Kuba gegen das Militär Batistas führte. Peinlich berührt von zahllosen Repressionen, mit denen Batista jeden Widerspruch gegen sein Regime im Keim zu ersticken suchte, rückte man im State Department von dem einstigen Günstling ab und löste ohne viel Aufhebens die skandalöse Mesalliance.[95]

US-Botschafter Earl E. T. Smith, der über diplomatische Gepflogenheiten hinaus mit dem Diktator fast freundschaftlichen Umgang pflegte, musste es wutschnaubend zur Kenntnis nehmen. Am 13. März 1958 entschieden die Lateinamerika- und Kuba-

Experten in Washington den Stopp einer Waffenlieferung für die kubanische Armee, die gerade im Hafen von New York verladen werden sollte. Dieses faktische Waffenembargo bedeutete nicht nur militärisch und psychologisch einen harten Schlag für den Diktator. Es entpuppte sich bei näherem Hinsehen als politischer Affront, stellte ihn doch die plötzliche «Neutralität» der Eisenhower-Administration im kubanischen Konflikt mit den Rebellen gleich und wertete diese zur kriegführenden Partei auf.

Damit zeichnete sich der Anfang vom Ende der Batista-Herrschaft ab. Zuvor, und zwar nach dem Scheitern des Generalstreiks vom 9. April 1958, setzte der Diktator allerdings noch einmal alles auf eine Karte. Er bot sein gesamtes Militär auf, um die Guerilla endgültig in die Knie zu zwingen. «Plan F-F» hieß seine Regieanweisung für die Abrechnung mit den Fidelistas, zu entschlüsseln als «Fase Final» (Endphase) oder «Fin de Fidel» (Ende Fidels).

Am 25. Mai 1958 marschierten nun mehr als 10 000 Mann zur Schlussoffensive rund um die Sierra Maestra auf. Sie versuchten, mit Panzern und massiven Luftangriffen die Guerilla zu zerschlagen. Diese musste sich in der Tat erst einmal zurückziehen, um sich neu zu ordnen, ehe sie zum Gegenangriff überging. Die Moral der Batista-Armee sank in dem Maße, wie ihre Verluste stiegen. Die Zahl der Überläufer wuchs und wuchs.[96]

Mittlerweile blieb die Armee sogar machtlos gegen die zweite Front, die sich unter dem Kommando von Raúl Castro in der Sierra del Cristal aufgestellt hatte. Der Ring um die Sierra Maestra war gesprengt, die Ebene mit den Städten lag frei und offen vor der Guerilla. Sie konnte die Armee vor sich hertreiben und die Insel sukzessive nach Westen hin unter Kontrolle bringen.

Der «Comandante en Jefe» verteilte die Aufgaben zu diesem Zweck. Er selbst wollte mit Bruder Raúl Santiago de Cuba einnehmen, Camilo Cienfuegos, Prototyp des bärtigen Guerilleros mit langem Haar, sollte bis in die Provinz Pinar del Río nach Westen zu marschieren, und Che Guevara bekam eine besonders heikle Aufgabe übertragen: Er sollte die Mittelprovinz Las Villas einnehmen und damit die Verkehrsverbindungen zwischen Osten und Westen kappen. Der Optimist Che hatte sich vorgenommen, die Provinzhauptstadt Santa Clara in vier Tagen zu erreichen, auf Lastwagen – die waren allerdings nicht aufzutreiben. So musste sich denn die Kolonne Nr. 8 «Ciro Redondo» Ende August zu Fuß aufmachen.

Es sollte erneut ein Horrorunternehmen werden, denn den bereits vom Guerillakrieg erschöpften Guerilleros stand ein qualvoller Marsch über das sonnenversengte Land und durch sumpfige Gebiete bevor: abgerissen, hungrig, durstig, müde, von Moskitos und anderem Getier gepeinigt, manch einer mit der «Mazamorra» geschlagen, einer Fußkrankheit, «die zu offenen Wunden führt und jeden Schritt zur Hölle werden lässt»[97]. 554 Kilometer legten die ausgezehrten Rebellen zurück, bis sie nach 47 Tagen die Provinzhauptstadt Santa Clara erreichten, wo etwa dreitausend Soldaten die strategischen Punkte besetzt hielten. Doch auch die waren bereits so demoralisiert, dass sie trotz ihrer zehnfachen Überlegenheit vor den Rebellen die Waffen streckten.

Selbst ein Kriegsgerät, von dem sich Batista wohl noch Wunder erwartet hatte, kam im wahrsten Sinne des Wortes nicht mehr zum Zuge: ein mit Stahl ummanteltes Gefährt. Die Rebellen ließen den Zug schon außerhalb der Stadt entgleisen, sprengten das stählerne Ungetüm auf und zwangen die 400 «bis an die Zähne bewaffneten Insassen», sich zu ergeben. Die Beute, jede Menge Schusswaffen und Munition, konnten die Barbudos gut gebrauchen. Am 31. Dezember war der Kampf entschieden. Che Guevara hatte mit seinen Bataillonen den Verkehrsknotenpunkt von Santa Clara unter Kontrolle gebracht.[98]

«Der kubanische Diktator Batista hat in der Neujahrsnacht zusammen mit den meisten Offizieren seines Militärklüngels fluchtartig das Land verlassen», meldete die Zeitung «Neues Deutschland».[99]

Fidel Castro traf erst in der Nacht zum 2. Januar 1959 in der «Schicksalsstadt» Santiago ein, wo ihn im Beisein von Manuel Urrutia, dem designierten Staatspräsidenten, auf der Plaza und in den Straßen rund 200 000 Santiagueros mit frenetischem Jubel empfingen. Sie huldigten ihm mit einem tausendfachen «Viva Fidel!»; eine der Parolen bei dieser nächtlichen Kundgebung lautete: «Fidel Castro, der unbesiegbare Hauptmann! Der Mann, dessen Name schon ein Banner ist!»[100]

Der Zweiunddreißigjährige hielt seine erste Rede vor einer großen Menschenmenge, als er den Versammelten versprach:

Triumphaler Empfang Fidel Castros und seiner Kampfgefährten Anfang Januar 1959 in Havanna. Links neben ihm, mit gezückter Pistole, Camilo Cienfuegos, rechts, mit dem Rücken zur Kamera, Huber Matos, der später in Ungnade fiel und zu zwanzig Jahren Haft verurteilt wurde

Diesmal wird die Revolution nicht scheitern. Diesmal wird die Revolution zum Wohle Cubas endlich siegen. Sagte es und brach am nächsten Tag, dem 3. Januar 1959, zu einem Triumphzug quer über die Insel auf.

TRIUMPHZUG NACH HAVANNA

Im Gegensatz zu der Unruhe, die ihn bis dahin getrieben hatte, ließ sich Fidel Castro nun auffallend viel Zeit, um seinen Sieg in vollen Zügen zu genießen. Kaum ein größerer Ort an der Caretera Central, in dem er nicht ein Bad in der Menge genommen hätte. Überall umlagerten im Nu Menschentrauben den Sherman-Panzer, auf dem der «Comandante en Jefe» im Konvoi gefahren kam, oder auch den offenen Jeep, in dem er von Ort zu Ort mäanderte. Man überhäufte ihn mit Ovationen. «Nicht wenige erblickten in ihm einen neuen Jesus und trugen mit entsprechenden Äußerungen zur Vergottung des Comandante bei.» [101]

Als Che Guevara und Camilo Cienfuegos mit ihren Truppen in Havanna einmarschierten, war das Machtvakuum behoben. Sie hatten kaum Mühe, die Ordnung aufrechtzuerhalten oder wiederherzustellen. Camilo Cienfuegos übernahm das Kommando im Camp Colombia, der größten Kaserne Kubas, während Che Guevara am nächsten Tag im Morgengrauen in der Festung La Cabaña über der Hafeneinfahrt Quartier bezog. [102] Damit hielten die Rebellen nun die wichtigsten strategischen Punkte Havannas besetzt. Castro konnte es sich unter diesen Umständen leisten, die «Mühen der Ebene» etwas bedächtiger anzugehen. Im Übrigen zeugte sein Alleingang eindrucksvoll von dem Selbstbewusstsein und der Autorität des «Comandante en Jefe», und so ist er auch verstanden worden.

Mit unbeschreiblichem Jubel wurde Castro in Havanna empfangen. Was sich auf den Straßen und Plätzen abspielte, war alles in einem: Siegesfeier, Karneval, politische Manifestation und Freudenfest. Von «Apotheose» hat man in diesem Zusammenhang gesprochen. Doch es wartete immens viel Arbeit. Vor allem musste nun eine Regierung gebildet werden, die den politischen Kräften innerhalb der Anti-Batista-Koalition entsprach. Und Castro erwies sich erneut als ungeduldiger Revolutionär.

Am 8. Januar 1959 stattete er als Erstes dem Präsidenten einen Höflichkeitsbesuch ab, ungern, doch er verspürte eine moralische Verpflichtung zu dieser Geste. Die «Bewegung 26. Juli» hatte Urrutia viel zu verdanken, er gehörte zu jenen Santiagueros, die am 26. Juli 1953 und in den Tagen danach durch ihr unerschrockenes Auftreten dem Militär und der Polizei gegenüber etlichen der jungen Rebellen das Leben gerettet hatten.

Nach dieser Stippvisite ging es zum Campamento Colombia, wo Castro erstmalig im Zentrum der Macht eine Rede hielt. Als er seine Ansprache begann, «wurden weiße Tauben aufgelassen, Symbole des Friedens und heilige Tiere einer afrokubanischen Gottheit. Ein Vogel kreiste und ließ sich dann auf Castros Schulter nieder» [103] – welch eine Symbolik!

Zum Ministerpräsidenten der Provisorischen Regierung ernannte Urrutia einen namhaften Rechtsanwalt: José Miró Cardona, Castros früheren Lehrer an der Universität; beide, Urrutia und Cardona, entstammten dem bürgerlichen Lager. Da stellte sich die Frage, warum die eigentlichen Sieger im Befreiungskampf, die Mitglieder der «Bewegung 26. Juli», in der Provisorischen Regierung mit vier Posten auffallend unterrepräsentiert waren, während die Bürgerlich-Liberalen auf elf Minister kamen. Die Fidelistas konnten sich diese Besetzung, eine Art bürgerliche Staffage, die der internationalen Öffentlichkeit das Bild einer Demokratie im Werden suggerieren sollte, offenbar leisten. Im Übrigen war es für den exzellenten Redner Fidel Castro, den Oberbefehlshaber, den mächtigsten Mann im Land, ein Leichtes, von jedem Ort aus über die Medien an Urrutia und seinem Kabinett vorbeizuregieren. Castro vermochte es, psychologisch außerordentlich geschickt, aus einer Versammlung ein Plebiszit zu machen und seinen Dialogen mit den Massen den Anschein von Graswurzeldemokratie zu geben. Er schaffte es eine Weile, die Regierung Urrutia als Aushängeschild für ein bürgerlich-liberales Regime zu benutzen, um hinter den Kulissen die Linke zu einigen und zu stärken.

Fidel Castro mit seinem Sohn Fidelito in einem Hotel in Havanna, 1959

Viele Zeitgenossen beklagten, dass eine «Doppelherrschaft» mit wechselseitigen Blockaden das Regieren erschwerte, doch tatsächlich hat dieses Nebeneinander einer formal verfassungsmäßigen und einer eher plebiszitär in Szene gesetzten staatlichen Autorität allenfalls einige Wochen lang im Frühjahr 1959 existiert. Dass die meisten Befehle an die ausführenden Organe aus dem Hotel «Habana Libre» ergingen, wo die Comandantes quasi biwakierten, und weniger aus dem regulären Regierungssitz, sprach eine deutliche Sprache.

Bei der Bildung des Kabinetts war viel taktisches Kalkül im Spiel gewesen. Noch waren die Barbudos an einem einigermaßen konstruktiven Verhältnis zu den Vereinigten Staaten interessiert; zumindest in den ersten Tagen nach dem Einmarsch der Rebellen in die Hauptstadt ließen Äußerungen der Staatschefs in Washington und Havanna auf gutnachbarschaftliche Beziehungen hoffen. US-Präsident Dwight D. Eisenhower äußerte den Wunsch, «dass das Volk dieses freundlichen Landes» in die Lage versetzt werde, «durch Freiheit zu Frieden, Stabilität und Fortschritt zu finden». Und freundlich ließ sich auch Castro vernehmen, als er erklärte: *Ich habe den Eindruck, dass die Vereinigten Staaten ihre Haltung gegenüber Kuba verändern und Reibungsflächen beseitigen.* [104] Diese wohlformulierten Wünsche und Hoffnungen waren jedoch binnen weniger Tage Makulatur. Vor allem wegen der harschen Kritik der USA an der summarischen Justiz auf Kuba.

Kurze Prozesse

Die revolutionäre Regierung räumte zügig mit der Hinterlassenschaft Batistas auf. Sie konfiszierte, was von seinem Vermögen auf Kuba noch vorhanden war, genauso wie das Eigentum seiner Kollaborateure. Fast die Hälfte der Staatsdiener musste gehen. Provinzgouverneure, Bürgermeister und Gemeinderäte wurden ihrer Ämter enthoben, ebenso die meisten obersten Richter. Die belasteten Gewerkschaftsführer wurden abgesetzt, und die Parteien, die sich als sozialdemokratische Fassade der Diktatur hatten missbrauchen lassen, mussten sich mit dem Verbot abfinden.

Mochte die neue Regierung mit solchen Akten der «politischen Hygiene» noch allenthalben Verständnis finden, beschwor sie mit ihrer gnadenlosen Revolutionsjustiz gleichwohl heftige

Fidel Castro mit Che Guevara und dessen Tochter Aleida, 1963

Kritik herauf. Es hagelte Einwürfe und Appelle, viele davon aus dem Ausland, deren Absender sich entsetzt zeigten über die summarischen Verfahren, wie sie fließbandartig in der Festung La Cabaña unter Che Guevaras Ägide Abend für Abend stattfanden, oft mit einem Todesurteil endend, das dann kurz darauf vollstreckt wurde. Che Guevara wird nachgesagt, mindestens fünfzig Todesurteile unterschrieben zu haben.

Besonders schockiert reagierte die internationale Öffentlichkeit auf das Massaker, das Raúl Castro an siebzig Gefangenen in Santiago de Cuba ohne jegliches Verfahren veranstalten ließ.

Che Guevara und Raúl Castro galten als die Hardliner im Umgang mit dem Batista-Personal. Doch all diese Urteile und Exekutionen, deren Zahl auf mindestens 500 geschätzt worden ist, hatte letztlich Fidel Castro zu verantworten.[105] Dass «Gringos» die Kubaner bezichtigten, «Blutbäder» unter den Batista-Getreuen anzurichten, brachte Castro in Rage.[106] Wenn die US-Regierung an den Prozessen und der Hinrichtung bekannter Batista-Schergen Anstoß nehme, blaffte er, müsste sie sich auch an Hiroshima und

Nagasaki erinnern lassen, an die beiden japanischen Städte, auf die US-Flugzeuge im August 1945 die ersten Atombomben abgeworfen und damit einige Hunderttausend Japanerinnen und Japaner getötet hatten.

Fidel Castro fühlte sich zu Unrecht kritisiert. Er lud schließlich zahlreiche amerikanische Journalisten und Kongressmitglieder ein, an Ort und Stelle bei der «Operation Wahrheit» dabei zu sein und sich ein eigenes Bild vom Geschehen zu machen. Zur Quasi-Demokratisierung der Gerichtsverfahren verlegte er die Verhandlungen spektakulärer Fälle von Folter, Mord und Totschlag unter Batista in den Sportpalast von Havanna, der 15 000 Menschen fasste.

Das Tribunal entartete zum Spektakel für Sensationslüsterne, als der wohl prominenteste Angeklagte unter heftigsten Missfallensbekundungen des Publikums in die Arena schritt: Major Jésus Sosa Blanco, dem mehr als hundert Morde angelastet wurden. Zu den Beobachtern und Berichterstattern dieser «Operation Wahrheit» gehörte der kolumbianische Journalist Gabriel García Márquez; zusammen mit Kollegen verfasste er eine Petition an die revolutionäre Regierung mit der Bitte, die Revision des Prozesses zuzulassen. Vergeblich, wie man weiß.

Der Angeklagte Major wurde als Bestie in Menschengestalt vorgeführt, und die Verhandlung nahm zunehmend den Charakter eines Volksfestes an. Minutenlange Sprechchöre forderten «Paredon!» – an die Wand! Sosa Blanco rief erbittert aus, er fühle sich wie ein Sklave, der zur Volksbelustigung als Gladiator vorgeführt werde. Nach elfstündigem Verhör wurde er zum Tode durch Erschießen abgeurteilt und hingerichtet. Gewiss hatten die meisten der Verurteilten schwere Schuld auf sich geladen, doch die summarischen Verfahren gegen sie blieben als Makel der ersten Stunde an der Revolution haften.

> «Unter den ersten tausend Gefangenen, die wir gemacht haben – ich muss hinzufügen, dass sich bis zur Stunde in der Hand der Revolutionären Streitkräfte etwa elfhundert gefangene Söldner befinden; wir haben die soziale Zusammensetzung dieser ersten tausend analysiert und festgestellt, dass sich unter ihnen etwa achthundert Söhne aus reichen Familien befinden.»
> Hans Magnus Enzensberger,
> Das Verhör von Habana

EIN MEER VON PLAGEN

«HAVANNA IST KUBA.
DER REST IST LANDSCHAFT»

Die Differenzen zwischen Cardona und Castro häuften sich. Der offizielle Ministerpräsident fühlte sich allzu sehr eingeengt, weshalb er Mitte Februar 1959 seinen Rücktritt erklärte, nach weniger als fünfzig Tagen im Amt. Bald darauf war er erneut Ministerpräsident, allerdings auf der anderen Seite der Floridastraße, in Miami, wo er die Exilregierung leitete.

Das Amt des Ministerpräsidenten in Havanna übernahm nun Fidel Castro höchstselbst. Diese Entscheidung war umso bemerkenswerter, als er mehr als einmal versichert hatte, keineswegs durch ein Regierungsamt im wahrsten Sinne des Wortes an die Macht kommen zu wollen. Im Gestus der Bescheidenheit bekundete der Berufsrevolutionär, einzig und allein um die Sicherheit und den Bestand der Revolution bemüht zu sein, als er in einer kurzen Zeremonie im Präsidentenpalast am 16. Februar den Amtseid leistete, ohne ein zusammenhängendes Programm bieten zu können. Einzelne Pläne hatte er hingegen mehr als genug. Er versprach, die fortschrittliche Verfassung von 1940 wieder einzuführen, Wahlen abzuhalten, die Korruption zu bekämpfen, an die Bauern Land zu verteilen, eine Kampagne zur Alphabetisierung in Gang zu bringen, Schulen und Krankenhäuser zu bauen, das soziale Stadt-Land-Gefälle zu beseitigen etc. etc.

Das krasse Missverhältnis zwischen der Metropole Havanna und dem wenig entwickelten Hinterland durfte in einer egalitären Gesellschaft, auf die Castro und seine Mitstreiter zusteuerten, nicht bestehen bleiben. Es trifft zwar zu, dass Kuba zur Zeit der Revolution kein bettelarmes und extrem zurückgebliebenes Land war. Es war den übrigen (Entwicklungs-)Ländern in Lateinamerika sogar um einiges voraus. «Kuba war weniger ein unterentwickeltes als ein stagnierendes Land.» [107] Aber die Entwicklung der Insel, fast schon bis hin zu einem Schwellenland, war mit einer extremen Abhängigkeit von den USA erkauft. Bis zu etwa 80 Prozent bestritt Kuba seinen Außenhandel mit den USA; mit der Monokultur des Zuckers und dem besagten starken kulturellen und sozialen Unterschied zwischen Stadt und Land als Folge.

Ein kubanischer Erziehungsminister hat das Sozialgefälle zwischen Hauptstadt und Umland einmal kurz und knapp auf die Formel gebracht: «Havanna ist Kuba. Der Rest ist Landschaft.» [108] Eine Landschaft, deren Bewohner oft mehr vegetierten als einigermaßen menschenwürdig leben zu können. 60 Prozent der Kubaner hausten in palmstrohgedeckten bohíos, Hütten mit nacktem Lehmboden, ohne Wasser, ohne Latrinen, ohne Elektrizität.

«Der Kontrast zwischen Hauptstadt und Land war schockierend. In Havanna mit seinen anderthalb Millionen Einwohnern gab es riesige Hotels, Kasinos, große Kinos und Theater, Unterhaltungspaläste, dazu Tausende von Touristen und einen dichten Verkehr luxuriöser amerikanischer Wagen. In den kleinen Dörfern der Orienteprovinz fand man keine Gehwege, keine ausgebauten Straßen, keinerlei Unterhaltung.» So schilderte es der spanische Journalist Enrique Meneses, der kurz vor dem Jahreswechsel 1957/58 Fidel Castro in der Sierra Maestra aufgesucht hatte. Er hielt sich dort eine ganze Weile auf, um dann in der Zeitschrift «Paris-Match» über die kubanische Revolution zu berichten.[109]

Die Uferpromenade Malecón in Havanna, 1986

Für den Revolutionsführer war dieses Missverhältnis so eklatant, dass er das Stadt-Land-Gefälle auf seiner Prioritätenliste ganz weit oben vermerkte. *Vor allem,* so bemängelte er lapidar, *ist Havanna zu groß für ein Land unseres Ausmaßes. […] Wir haben eine überentwickelte Hauptstadt in einem völlig unterentwickelten Land geerbt.* [110] Ein nicht ganz einfaches Erbe.

«Um den Kommunismus aufzubauen, müssen wir mit der materiellen Basis zugleich den neuen Menschen schaffen», hatte Che Guevara immer wieder gemahnt, und der neue Mensch war nicht denkbar, ohne dass er die Kulturtechniken des Lesens und Schreibens beherrschte. So war es denn auch keine Überraschung, als die Revolutionsregierung das Jahr 1961 zum «Jahr der Erziehung» ausrief und eine Alphabetisierungskampagne in Gang setzte, wie es sie in diesen Ausmaßen noch nie gegeben hatte. Mehr als 120 000 «Alphabetisatoren», zumeist Schüler, Studenten und Hausfrauen, schwärmten nach einer kurzen Sonderausbildung auf ganz Kuba aus, auch in die entlegensten Gebiete wie das Escambray-Gebirge, wo die Zahl der Analphabeten besonders groß war (und hier und da Konterrevolutionäre ihr Unwesen trieben).

Fidel Castro bei einer Versammlung der Nachwuchsrebellen unter dem Schlagwort: «Arbeit, Studium, Gewehr», 1961

Das Vorhaben, das Fidel Castro innerhalb eines Jahres vollendet sehen wollte, war so gewaltig, dass die ganze Gesellschaft dafür mobilisiert werden musste. «Wenn du weißt, lehre; wenn du nicht weißt, lerne!», lautete eine der Parolen. Im Radio und Fernsehen wurde mit der Vision geworben: «Jeder Kubaner ein Lehrer, jedes Haus eine Schule.»[111]

War vor dieser Kampagne ein Fünftel der kubanischen Bevölkerung des Lesens und Schreibens unkundig, so zählte man nach einem Jahr nur noch knapp 4 Prozent Analphabeten. Kuba sei «das erste vom Analphabetismus freie Land Lateinamerikas», sollte Fidel Castro am 22. Dezember 1961 jubeln.[112]

Im vorrevolutionären Kuba konnten Schwerkranke oft nur noch beten oder sich Scharlatanen anvertrauen, zumal auf dem Land, wo weit und breit keine medizinische Hilfe zu erlangen war. Außerhalb von Havanna gab es nur wenige Krankenhäuser. Die medizinische Versorgung konzentrierte sich auf die Metropole und dort wieder auf die etwas feineren Stadtviertel wie Miramar. Das sollte sich unter der neuen Regierung und im neuen politischen System gründlich ändern.

Als sich der Sieg der Barbudos abzeichnete, packten viele Mediziner aus Sorge um ihre Einkünfte und Privilegien die Koffer und gingen nach Miami ins Exil. Damit verschlechterte sich die Situation noch weiter, von den 6000 Ärzten blieben weniger als die Hälfte.[113]

Seuchen wie Diphtherie, Polio und Tuberkulose konnten sich erneut verbreiten. Auch die Kindersterblichkeit stieg sehr bedenklich an. Seit den 60er Jahren zeitigten dann «die enormen Anstrengungen der Revolutionsregierung Erfolge. 1969 kam wieder, wie zehn Jahre zuvor, ein Arzt auf 1000 Einwohner – 20 Jahre später waren es dann fünf. Die Zahl der Krankenhäuser kletterte […]. Hinzu kamen noch etwa 400 neue Polikliniken, die als Basis des vorbildlichen Gesundheitssektors dienten.»[114] Die Säuglingssterblichkeit be-

«Die ersten, die Fidel Castros Kuba verließen, waren die wohlsituierten Schichten, vor allem Leute, die auf ausländischen Banken genügend Geld besaßen, um im Exil gut leben zu können. Dann folgten die Journalisten und Angehörigen der freien Berufe; schließlich die Geschäftsinhaber und Angestellten.»

Enrique Meneses, Fidel Castro – Beschreibung einer Revolution

trägt nur noch 5,8 von tausend (die niedrigste in ganz Lateinamerika; in Mexiko liegt sie z. B. bei 25; El Salvador: 25; Guatemala: 39;
USA: 6,6; Kanada: 5,4), die Lebenserwartung für Männer liegt bei
75 und für Frauen sogar bei 79 Jahren (USA: Männer 75; Frauen
80 Jahre) – dies sind Werte aus dem Jahr 2005, von denen man im
sonstigen Lateinamerika nur träumen kann und die in den USA
den frappanten, peinlichen Schluss aufkommen ließen, dass das
gnadenlos bekämpfte Entwicklungsland Kuba auf bestimmten
medizinischen Gebieten wie der Pädiatrie zu den USA bis auf minimale Abweichungen aufgeschlossen hat.[115]

DIE AGRARREFORM UND DAS GESPENST
DES KOMMUNISMUS

Im Frühjahr 1959 machte sich Fidel Castro noch einmal mit großem Gefolge auf den Weg in die Sierra, um mit Gesetzeskraft
auszustatten, was dort begonnen worden war: die Agrarreform.
An symbolträchtigem Ort, in La Plata, wo die Rebellenarmee den
ersten Sieg im Gefecht mit dem Batista-Militär errungen hatte,
unterzeichnete die Revolutionsführung am 17. Mai 1959 das Bo-
denreformgesetz. Es sah vor, Grundbesitz von mehr als 400 Hektar
zu enteignen. Dabei galt von Anfang an die eiserne Regel: Übereig-
nung des Bodens an die Bauern, die ihn bearbeiten – ja; Zerstücke-
lung der großen Viehzucht- und Zuckerländereien – nein.

Hinzu kam, dass es der technischen Entwicklung auf dem
Zuckersektor, etwa dem Trend zur Mechanisierung der Ernte, zu-
widergelaufen und auf Kosten der Produktivität gegangen wäre,
wenn man die großen Ländereien aufgeteilt hätte. Ein Teil des
Landes ging an Kleinbauern zur privaten Nutzung, der andere Teil
sollte ursprünglich Kooperativen zur Verfügung stehen. Castro
rückte von diesem Plan jedoch ab – mangels Tradition. Stattdessen
ging dieser Teil des Grundbesitzes in Staatsfarmen über.

Der selbsternannte Agrarexperte an der Staatsspitze, Fidel
Castro, war sich des sozialen Sprengstoffs bewusst, den das feier-
lich proklamierte Gesetz in sich barg. Doch er scheute die Konflikte nicht. Über Radio Rebelde ließ er die Kubaner wissen, dass
die Reform die Eigentumsinteressen einer Minderheit verletze,
um die Überlebensinteressen einer Mehrheit zu sichern. Eine
überaus zaghafte Reform übrigens, die Grund und Boden bis zu

402,6 Hektar in Privatbesitz beließ. Sie änderte an den disparaten Eigentumsverhältnissen noch nicht viel. So blieb mehr als ein Viertel des Landes im Besitz von einigen wenigen Großbauern: «rund elftausend insgesamt, die zusammen mit ihren Familien erheblich weniger als 1 Prozent der Gesamtbevölkerung der Insel ausmachten».[116] Die zweite Agrarreform vom 2. Oktober 1963 ging sehr viel weiter. Auf 67 Hektar wurde nun die Obergrenze des privaten Bodenbesitzes festgelegt.[117] Prompt tauchte das «Gespenst des Kommunismus» wieder auf. Ein Sturm der Entrüstung brach in den Vereinigten Staaten los. Keine Reform hat so viel Widerstand in den USA ausgelöst wie die Agrarreform. Denn US-Amerikaner waren es vor allem, denen große Teile, insgesamt rund 13 Prozent, der landwirtschaftlichen Nutzfläche auf der grünen Insel gehörten – etwa die United Fruit Company, die über weite Teile der Provinz Oriente gebot.

Die Agrarreform bedeutete also nicht nur den Bruch mit den Privilegierten im eigenen Lande, wie Fidel Castro in seinen «Nachtgesprächen» gegenüber Frei Betto konstatierte, sondern auch den Bruch mit der «privilegierten Nation», den USA. Etwa 100 000 Siedler und Pächter erhielten während der ersten zwei Jahre nach der Proklamation der Agrarreform Besitztitel für das Land, das sie bearbeiteten.[118] Doch nachdem die Entscheidung gefallen war, die großen Viehzucht- und Zuckerländereien intakt zu lassen, ging aus dieser Umverteilung als eigentlicher «Gewinner» der Staat hervor; er kontrollierte nun rund 70 Prozent der landwirtschaftlich nutzbaren Fläche, die restlichen 30 Prozent blieben den Campesinos, den Bauern.

Die Aufgabe, die Agrarreform in die Tat umzusetzen, die landwirtschaftliche Produktion zu leiten und die Entwicklung im Agrarsektor zu planen, fiel dem neugegründeten Institut für Landreform (INRA) zu. Um die Bedeutung der Agrarreform zu unterstreichen, übernahm Fidel Castro höchstpersönlich den Vorsitz des Instituto Nacional de Reforma Agraria. Als Institution, die zugleich den sozialökonomischen Wandel fördern und aus der Unterentwicklung der Landwirtschaft herausführen sollte, avancierte INRA bald zur Schlüsselagentur der revolutionären Regierung. «Nach der Rebellenarmee war es die revolutionäre Behörde. Es war die zweite Basis, von der aus die Regierung den

Staatsapparat kontrollierte», wie der Kuba-Experte Edward Boorstein in seinem Buch «Die wirtschaftliche Transformation Kubas» schon 1968 schrieb.[119] Negativ ausgedrückt: INRA entwickelte sich, mit immer mehr Zuständigkeiten ausgestattet – für den Straßenbau, das Gesundheits- und Schulwesen, den Wohnungsbau und, paradoxerweise, die Industrie –, zu einer Art Nebenregierung. Das Institut wurde «allmählich zu einem gigantischen Oktopoden, dessen Greifarme jedes Gebiet der kubanischen Wirtschaft erreichten»[120] – mehr schlecht als recht erreichten, weil es an übermäßiger Zentralisierung litt. Die Instanzenwege, die vom bürokratischen Moloch bis hinunter zu den Landarbeitern zurückzulegen waren, erschienen unergründlich. Außerdem war hier wie in der Gesamtökonomie anfangs die Planungseuphorie mit den Intellektuellen durchgegangen – auf ihre Guerillapraxis und auf aufklärerisch-revolutionäre Ideen gestützt, hatten sie sich zu einem Höchstmaß an rationaler Wirtschafts- und Staatsorganisation befähigt gefühlt. Die Verstaatlichung von Privateigentum verstanden die Zuckerbarone aus Florida oder Texas wiederum als «Sowjetisierung».

Es war nicht das erste Mal, und es sollte auch nicht bei diesem einen Mal bleiben, dass Castro genötigt wurde zu erklären, wie er es mit dem Marxismus und Kommunismus halte. Jahrelang hatte er beteuert, kein Marxist zu sein. Im Frühjahr 1958 stellte er kategorisch fest: *Kommunist war und bin ich nicht.* Während der triumphalen Fahrt von der Sierra Maestra nach Havanna, in den ersten Januartagen 1959, verneinte er deutlich jede Verbindung mit den Kommunisten.

Bei seiner USA-Visite im April 1959 beruhigte er die Vertreter des Außenministeriums «durch die Betonung seiner Gegnerschaft zum Kommunismus». Und im Juli 1959, nachdem er mit Aplomb vom Posten des Ministerpräsidenten zurückgetreten war, versicherte er: *Ich bin kein Kommunist. Und auch die revolutionäre Bewegung ist nicht kommunistisch.*

Nur zweieinhalb Jahre später, am 1. Dezember 1961, verkündete Castro in einer Rede mit eigentümlichem Pathos: *Ich bin Marxist-Leninist, und ich werde bis zu meinem Lebensende Marxist-Leninist bleiben.*[121] Hielt er also über Jahre die Öffentlichkeit zum Narren, zu welchem Zweck auch immer? Wahrscheinlich fürchtete er in dieser Zeit des Kalten Kriegs, vom Odium der marxistischen Ideologie in seiner Karriere behindert zu werden. Er wollte unbedingt an der Macht bleiben, nachdem er sich einmal durch alle möglichen Kämpfe dorthin vorgearbeitet hatte. Castros Umgang mit der Wahrheit nach politischer Opportunität hat zu lebhaften Diskussionen unter dem Titel «Die verratene Revolution» geführt.[122]

Castros «Sowjetisierung» Kubas. Gezeichnet von Kent, 1966

US-Blockade gegen Kuba

Ohne die Entwicklung auf Kuba auch nur einige Monate lang abzuwarten und Verhandlungen mit Havanna anzustreben, holten die Politiker in Washington den «big stick» (großen Prügel) aus dem verstaubten Arsenal ihrer Lateinamerika-Politik und kündigten Sanktionen an, die dann auch Stück für Stück in die Realität umgesetzt wurden.

Am 29. Januar 1960 verlangte US-Präsident Eisenhower vom Kongress die Vollmacht, die kubanische Zuckerquote auszusetzen. Am 7. Juni weigerten sich die Firmen Shell, Esso und Texaco, sowjetisches Erdöl, das Kuba in größeren Mengen importierte, zu raffinieren. Am 29. Juni wurden sie von der kubanischen Regierung enteignet. Am 6. Juli setzte Eisenhower die kubanische Zuckerquote aus. Im Herbst folgte die Nationalisierung amerikanischer Firmen, Banken und anderer Unternehmen, mit den entsprechenden Gegenreaktionen, Schlag auf Schlag. Am 19. Oktober 1960 kündigte die US-Regierung die Quarantäne über die Insel an. Am 7. Februar 1962 trat das Embargo auch formell in Kraft.

Die nahezu undurchdringliche Wirtschaftsblockade der USA gegen Kuba besteht also seit fast einem halben Jahrhundert. Ein brachiales Instrument der Supermacht USA, das im Laufe der Zeit nicht etwa entschärft worden ist. Im Gegenteil: US-Politiker, zumal solche mit Beziehungen zu den Exil-Kubanern vor allem in Florida, haben keine Gelegenheit versäumt, die Schrauben dieses wirtschaftlichen Marterinstruments noch stärker anzuziehen.

Der amerikanische Bundesstaat Florida, in dem die meisten Exil-Kubaner leben, spielt bei den Kongress- und Präsidentschaftswahlen in der Regel eine wichtige, oftmals auch, wie im Falle der äußerst umstrittenen Wiederwahl von George W. Bush, eine entscheidende Rolle. Und die haben die Cuban Americans in all den Jahren, zumal nach dem Massen-Exodus im Jahre 1980, als Castro 125 000 Landsleute vom kubanischen Hafen Mariel aus ziehen ließ, weidlich wahrgenommen. Eine Organisation wie die straff geführte und mit reichlich Geld versorgte antikommunistische Cuban-American National Foundation (CANF) fand in Washington stets Gehör, auch nach dem Tod ihres politisch schwergewichtigen Präsidenten Jorge Mas Canosa.

Während der Amtszeit von US-Präsident Jimmy Carter (1977–81) wurde die amerikanische Kuba-Politik ein klein wenig gelockert und versachlicht. Schon bald nach dessen Einzug ins Weiße Haus kamen Washington und Havanna im Frühjahr 1977 überein, diplomatische Beziehungen auf der Ebene von Interessenvertretungen aufzunehmen. Während der Reagan-Ära herrschte dann eine aggressive Rhetorik gegen Kuba vor, verbunden mit Versuchen, nicht nur den Austausch materieller Güter mit der Insel zu unterbinden, sondern auch den «Ideenimport» in Form von Büchern, Zeitungen und Zeitschriften. Wäre es nach Ronald Reagan gegangen, hätten sich die Bezieher kubanischen Schrifttums bei den Behörden melden und als Kuba-Freunde offenbaren müssen. Dieses Ansinnen, das fatal an die Gebräuche totalitärer Systeme erinnerte, stieß allerdings auf so vehementen Widerspruch, vor allem bei Bürgerrechtlern, dass es von der Agenda der Reagan-Administration verschwand.

Die Sowjetunion existiert nicht mehr. Die Hilfen der Kubaner für die Guerillas in Lateinamerika, so es sie mit Ausnahme Kolumbiens überhaupt noch gibt, seien für das Land eine «Sache der Vergangenheit», hatte die Kommunistische Partei Kubas im März 1992 verlauten lassen. Und trotzdem kündigte US-Präsident George Bush wenige Tage später, Ende April 1992, sogar eine Eskalation im Wirtschaftskrieg gegen Kuba an.

Am 23. Oktober 1992, mitten im Wahlkampf, unterzeichnete Bush sen. ostentativ ein Gesetz, den Cuban Democracy Act, das dem kubanischen Sozialismus endgültig den Garaus machen sollte; im Kongress eingebracht von dem Demokraten Robert Torricelli. Demnach droht Drittländern, die mit Kuba Handel treiben, der Entzug von Wirtschaftshilfe; Schiffe, die in kubanischen Häfen Fracht löschen, werden für 180 Tage von US-amerikanischen Häfen ausgesperrt; US-Tochterfirmen außerhalb der USA ist der Handel mit Kuba untersagt. Die US-Regierungen machen sich anheischig, souveränen Staaten die Geltung ihrer Gesetze aufzunötigen.

Die berüchtigte «Arroganz der Macht» spricht aus einem anderen noch heute geltenden Gesetz, das den Druck auf alle potenziellen Kuba-Kunden verstärken soll: der Cuban Liberty and Democratic Solidarity Act (Libertad) oder das Helms-Burton-Gesetz.[123] Ein ominöses Gesetz, an dessen Entstehung Kuba indirekt beteiligt war. Als die kubanische Luftwaffe am 24. Februar 1996 zwei in Florida gestartete Kleinflugzeuge abschoss, wobei alle Insassen, US-Bürger kubanischer Abstammung, ums Leben kamen, war die Empörung groß. Ob die Flugzeuge, die der exilkubanischen Organisation «Hermanos al rescate» (Brüder zur Rettung) gehörten, den kubanischen Luftraum nun verletzt hatten oder nicht: Fest steht, dass unter dem Eindruck dieses Ereignisses US-Präsident Bill Clinton, der zuvor noch sein Veto angekündigt hatte, das Gesetz nun umgehend unterzeichnete.

Das Helms-Burton-Gesetz von 1996 liest sich streckenweise wie eine Wiederauflage des Platt-Amendments, das 1934 ausgelaufen war. Die USA wollen sich die Kontrolle über die so nahe gelegene Insel sichern. Der republikanische Senator Jesse Helms und der demokratische Abgeordnete Dan Burton hatten ihren Gesetzentwurf in diesem Sinne vorgelegt. Als wäre ihnen die staatliche Souveränität kein Begriff, schrieben sie in diesem wohlgemerkt US-amerikanischen Gesetz Kuba in vielen Einzelheiten vor, was im Übergang vom heutigen patriarchalischen System hin zu einer repräsentativen Demokratie zu geschehen habe: Zunächst einmal seien die internationalen Sanktionen gegen die Castro-Regierung zu verstärken; sodann sei ein freies und unabhängiges Kuba zu unterstützen; und, last, but not least, seien die Eigentumsrechte amerikanischer Bürger zu schützen.

Fidel Castro, mit Begleitung, auf dem Weg zu den Vereinten Nationen in New York, 1960

Der weit in die Geschichte zurückreichende Besitzanspruch der USA auf Kuba ist immer noch im Spiel, obwohl sich die wirtschaftlichen Interessen gemindert und die strategischen verlagert haben. Dass Kuba eine «Gefahr für die nationale Sicherheit der USA» sei, mag wohl kaum jemand ernsthaft behaupten. Bill Clintons hartleibiges Festhalten am Embargo hatte noch einen anderen Grund. Anstößig bleibt für die USA nach wie vor die Entscheidung Kubas, einen eigenen Weg zu gehen.[124]

Das Fazit des damaligen kubanischen Außenministers Roberto Robaina lautete: «Die einzige Sünde Kubas ist: souverän zu sein. Unser einziger Fehler ist, dass wir ihnen nicht erlauben, uns auf Englisch zu sagen, was wir als Kubaner zu tun haben.»[125]

Als man in Washington zu der Erkenntnis gekommen war, dass mit Fidel Castro nicht der übliche machtsüchtige, brutale und geldgierige Caudillo am Ruder saß und die kubanische Revolution radikal mit dem American Way of Life brach, nahm sehr bald der Plan Konturen an, die Rebellen auf der Insel wirtschaftlich auszuhungern.

«Wir glauben, dass das Wirtschaftsembargo und die diplomatische Isolation der beste Weg sind, um die kubanische Regierung unter Druck zu halten, damit sie demokratische Reformen in Gang bringt und die Menschenrechte der Kubaner respektiert», fasste Alexander F. Watson, Assistant Secretary for Inter-American Affairs, am 18. November 1993 die Sicht Washingtons zusammen.[126]

Vermutlich ein Irrtum, Menschenrechtsexperten empfehlen gerade den umgekehrten Weg: die Blockade zu beenden und damit die inneren Spannungen in Kuba zugunsten der Menschen- und Bürgerrechte zu vermindern. Es gibt ja auch so etwas wie ein politikwissenschaftliches Gesetz, wonach sich die Liberalität im Inneren der Gesellschaft umgekehrt proportional zum Druck von außen verhält. Je größer dieser Druck, desto geringer die Chancen, dass auf Kuba aus einem offenen Diskussionsprozess jener demokratische Wandel und jene Wirtschaftsreformen hervorgehen können, die im ureigenen Interesse des Landes unabdinglich sind. Ricardo Alarcón stellte schon frühzeitig die rhetorische Frage, wie man denn mit einem Messer am Hals Gesprächsbereitschaft und Toleranz beweisen könne.

Viele Male sind die US-Administrationen aufgefordert worden, das Embargo aufzuheben, das eklatant gegen das Völkerrecht verstößt. Zum Beispiel gegen die Charta der Organisation Amerikanischer Staaten, Artikel 18: Kein Staat oder keine Gruppe von Staaten hat das Recht, direkt oder indirekt in die inneren oder auswärtigen Angelegenheiten eines anderen Staates einzugreifen. Weder mit militärischen noch mit anderen, etwa ökonomischen Mitteln, wäre hinzuzufügen.[127]

Die Vollversammlung der Vereinten Nationen hat seit 1992 die Blockade immer wieder verurteilt. Abgeordnete des Europäischen Parlaments hatten sich schon im Herbst 1991 mit einem «Appell gegen die Blockade Kubas» an die Öffentlichkeit gewandt. Kanada und Mexiko, aber auch andere OAS-Mitglieder, forderten im Frühjahr 1994 Washington auf, das Embargo aufzugeben. Papst Johannes Paul II. lehnte das Embargo ab. Mitte Juni 1994 plädierten die Teilnehmer des Iberoamerika-Gipfeltreffens im kolumbianischen Cartagena indirekt dafür, die Blockade aufzuheben, etwas verschlüsselt, aber doch als massive Kritik an der Blockadepolitik der USA zu verstehen.

Es nützte alles nichts. Washington beharrt auf dem seit bald einem halben Jahrhundert praktizierten Vorgehen. Das Embargo, so war schon vor Jahren aus dem State Department zu vernehmen, bleibt die «Säule der US-Politik» gegenüber Kuba. Eine teure Politik. Auf 67 Milliarden Dollar hat Fidel Castro die wirtschaftlichen Einbußen geschätzt, die der Inselstaat im Zeitraum von 1959 bis 1998 erlitten hat.[128] Teuer ist diese stupide Politik aber nicht nur für Kuba, sondern auch für jene US-Branchen, die gewinnträchtig auf der Insel investieren könnten. Dass die Länder Mittel- und Südamerikas nicht mehr am Gängelband der USA internationale Politik machen und zum Beispiel ihr Verhältnis zu Kuba selbst bestimmen wollen, haben sie unter anderem auch beim V. Iberoamerikanischen Gipfel im November 1995 in San Carlos de Bariloche vorgeführt. Zwar bleibt ihre Entschließung zur Blockade Kubas etwas verklausuliert, mit Rücksicht auf das OAS-Mitglied USA, doch hinter vorgehaltener Hand lautet die Parole: «Schluss mit der Blockade!»[129]

SOWJETISCHE ENTWICKLUNGSHILFE

Es war keine Liebesheirat, sondern eine Vernunftehe, die Fidel Castro mit der Sowjetunion einging.[130] Angesichts der Repressalien, mit denen die USA Kuba traktierten, brauchten die Kubaner eine Kompensation der radikalen Reduktionen im Handelsverkehr mit den USA und militärischen Schutz vor Übergriffen. Die einzige Macht, die beides bieten konnte, war die Sowjetunion.

In Moskau zeigte man sich bereit, Kuba beträchtliche Summen an Entwicklungshilfe zu gewähren, allerdings ohne revolutionären Enthusiasmus, sondern eher verhalten. «Moskau blieb zunächst über ein Jahr lang auf Distanz.»[131] Die kubanischen Barbudos waren dem Kreml fremd, schon ihr Äußeres, die langen Haare und Bärte, irritierte die russischen Biedermänner ungemein. Fidel hatte sich zwar auf den schwierigen Dialog mit den alten Herren im Kreml vorbereitet, indem er sich die gängigsten Parolen, Begriffe und Redewendungen aus dem dürren marxistisch-leninistischen Sprachgebrauch aneignete; das mochte die

Gesprächspartner in Moskau angenehm überraschen und erheitern. Aber mehr noch kam es darauf an, die Vorbehalte der versteinerten Moskauer KP-Funktionäre abzubauen.

Zeitgenossen, die auf eigene Faust, ohne Rückhalt in der kommunistischen Partei und ohne sich auf die Unterstützung des Proletariats verlassen zu können, einen Guerillakrieg führten, wie die Kubaner es gerade (mit Erfolg) getan hatten, nannte man in der Sowjetunion abschätzig «Abenteurer» oder «Trotzkisten», «Revisionisten», «Utopisten», «Romantiker» oder «Proudhonisten».[132] Mit denen gedachte man eigentlich nicht gemeinsame Sache zu machen.

Che Guevara tat anfangs alles, was dem Einvernehmen zwischen Kuba und der Sowjetunion dienen konnte. «Er war [zunächst, wie betont werden muss, F. N.] zweifellos einer der stärksten Befürworter der Annäherung an die Sowjetrussen innerhalb der kubanischen Regierung.»[133]

In Gang gekommen war diese Annäherung an Moskau schon Ende 1959, nachdem Castros zweiter Mann im mächtigen Reform-Institut INRA, Altkommunist Antonio Nuñez Jiménez, erste Kontakte mit der Parteispitze in Moskau aufgenommen hatte. Castro bat seinen Adlatus im INRA eines Tages, den TASS-Korrespondenten Alexander Alexejew, damals noch einer der wenigen Russen von Rang in Havanna, zu einem Gespräch über die sowjetisch-kubanischen Beziehungen einzuladen. Im kleinsten Kreis, eben nur zu dritt, fand es am 16. Oktober 1959 statt.

Alexejew, im «Zweitberuf» leitender Undercover-Offizier des KGB, erschien in bester Laune zu diesem Treff. Er brachte nicht nur lobende

Chronik der Ereignisse

1. 1. 1959   Flucht Batistas – Einzug Fidel Castros in Santiago

17. 5. 1959   Erste Agrarreform

13. 2. 1960   Erstes Handelsabkommen mit der UdSSR

19. 10. 1960   Beginn des Handelsembargos der USA

3. 1. 1961   Abbruch der diplomatischen Beziehungen USA–Kuba

16. 4. 1961   Verkündung des sozialistischen Charakters der Revolution

17. 4. 1961   Invasion in der «Schweinebucht»

25. 1. 1962   Ausschluss Kubas aus der OAS

Oktober 1962   «Raketenkrise»

13. 10. 1963   Zweite Agrarreform

Worte der Kreml-Führung über Castro und sein revolutionäres Werk, sondern auch russischen Wodka und Kaviar als Gastgeschenke mit. Der sonst so genügsame Líder zeigte sich hocherfreut über diese Gaben. *Was für ein guter Wodka!*, lobte Castro, *was für ein guter Kaviar! Nuñez, ich glaube, es lohnte sich, Handelsbeziehungen mit der Sowjetunion aufzubauen.*[134] Es lohnte sich für Kuba nicht nur, solche Beziehungen zu knüpfen, sie wurden geradezu lebenswichtig für den Inselstaat, der bis dahin mit seinem Außenhandel, wie erwähnt, zu rund 80 Prozent an die USA gebunden war und sich nunmehr auf nahezu null gebracht sah.

Anfang Februar 1960 traf hoher Besuch in Havanna ein: der Vizepräsident des Ministerrats der UdSSR, Anastas Mikojan. Offiziell kam er zur Eröffnung einer Industrieausstellung. Seine eigentliche Absicht war es jedoch, mit der Castro-Regierung Gespräche über Handelsbeziehungen und Finanzhilfen zu führen. Mit dem Vertrag, der dabei herauskam und der am 13. Februar unterzeichnet wurde, konnten die Kubaner recht zufrieden sein. «Die Sowjetunion verpflichtete sich, von 1960 bis 1964 jährlich eine Million Tonnen Zucker zu kaufen und für die Verwirklichung der Industrialisierung 100 Millionen US-Dollar mit zwölfjähriger Laufzeit und 2,5 Prozent Verzinsung zu kreditieren.»[135]

Nun war genau das eingetreten, was die Regierenden in Washington hatten verhindern wollen, die Orientierung Castros und seiner Mitstreiter auf Moskau hin. Ein Fall von Selffulfilling Prophecy, man hätte es an zehn Fingern abzählen können, dass Kuba diesen Schwenk vollziehen musste, weil es sonst tatsächlich in der Gefahr stand, ausgehungert zu werden. Castro hatte noch zur Zeit des Befreiungskriegs eine sehr kritische Einstellung zum Sowjetsystem gezeigt. Er hatte sich damals keinen Zwang angetan und freiheraus geschimpft: *Die Kommunisten bedeuten einen Imperialismus, der schlimmer ist als der der Yankees und unserem Brauchtum und unserem Glauben ebenso fremd. Jeder, der uns helfen will, ist uns willkommen, – aber ohne jede Bindung.*[136]

Dass es nicht so ganz *ohne jede Bindung* ging, mussten die kubanischen Politiker und Ökonomen mehr oder weniger schmerzlich erfahren. Vor allem wurde ihnen bewusst, dass es mit der Selbstbestimmung auch in der Zweiten Welt nicht allzu weit her war. Planwirtschaft nach sowjetischem Muster gewann wieder an Boden. Die materiellen Anreize kehrten zurück. Und, noch bemerkenswerter: «Der 1968 begonnenen Zurückhaltung Cubas bei politischen und ideologischen Differenzen mit der UdSSR folgte in den 70er Jahren eine bedingungslose Anerkennung der führenden Rolle der UdSSR und die schrittweise Übernahme wesentlicher Punkte der sowjetischen Außenpolitik und Ideologie.»[137]

Die internationale Öffentlichkeit musste höchst erstaunt, enttäuscht oder empört, je nach politischer Couleur, zur Kenntnis nehmen, dass wirtschaftliche Abhängigkeit ihren politischen Preis haben kann. Der «Prager Frühling» Ende der 1960er Jahre hatte die Hoffnung auf einen «Sozialismus mit menschlichem Antlitz» genährt. Diese Erwartung wurde jäh zunichte gemacht durch die militärische Intervention der UdSSR und vier weiterer Staaten des Warschauer Pakts.

Wer als selbstverständlich angenommen hatte, Castro werde vehement gegen diesen Einfall der «Bruderstaaten» in die Tschechoslowakei protestieren, wurde maßlos enttäuscht. In einer Fernsehrede, gehalten am Freitag, dem 23. August 1968, stellte Castro als Zwischenbilanz einer weit ausholenden Analyse mit Ähnlichkeiten zur Entwicklung in Kuba fest, *dass die CSSR sich zu einer konterrevolutionären Situation hinbewegte, hin zum Kapitalismus, in die Arme des Imperialismus*[138].

Schlimmer konnten die Vorwürfe gegen ein «Bruderland» kaum lauten. Da half nur noch das Militär. Etwas anderes fiel dem Ersten Generalsekretär der KPdSU, Leonid Breschnew, auch nicht ein. Um diesen Übergriff zu rechtfertigen, entwickelten Parteiideologen eine später nach ihm benannte Doktrin von der «beschränkten Souveränität» oder von dem «beschränkten Selbstbestimmungsrecht» aller sozialistischen Staaten. Senator Orville H. Platt, der mit seinem Zusatz zur kubanischen Verfassung von 1902 die Souveränität der neuen Republik beschnitten hatte, ließ grüßen. Erstaunlich, wie Fidel Castro diese Duplizität der Fälle übersah!

Dass er entgegen allen Erwartungen den Einmarsch der «realsozialistischen Armeen» in die Tschechoslowakei guthieß, hat natürlich Spekulationen über seine Motive und Interessen aufkommen lassen. Ein Verhalten nach dem Motto «Wes Brot ich ess, des Lied ich sing» mochte man bei seinem sonstigen moralischen Rigorismus kaum unterstellen. Fakt ist jedoch: «Die Beziehungen zur Sowjetunion verbesserten sich zusehends mit der

Losung von Fidel Castro: «Eine Revolution kann nur das Kind der Kultur und der Ideen sein.»

cubanischen Rechtfertigung des sowjetischen Einmarsches in die CSSR 1968.»[139]

Es zahlte sich für Kuba zugleich aus, seinen Flirt mit dem kommunistischen China beizeiten beendet zu haben. Kuba stieg zu einem der wichtigsten Partner der Sowjetunion auf – ersichtlich nun auch am Löwenanteil der «Entwicklungshilfe» Moskaus. Der genaue Umfang dieser Hilfe ist unbekannt. Einigermaßen soliden Schätzungen zufolge erhielt Kuba von den 70er Jahren an zirka 3 Milliarden US-Dollar jährlich. Es können im Zeitraum von 1960 bis Mitte der 80er Jahre 12 Milliarden US-Dollar gewesen sein, etwa 1,5 Millionen US-Dollar pro Tag.

Dass die «Bewegung 26. Juli» sich ganz und gar, fast sklavisch, an das sowjetische System angepasst hätte um der Subventionen willen, die für Kuba das Überleben garantierten, ist eine Legende. Die Kreml-Herrscher hatten mehr als einmal massiv damit zu tun, den politischen Eigensinn ihrer kubanischen Protegés zu zügeln, notfalls durch wirtschaftlichen Druck – gelegentlich auch durch Erpressung: Weil die Kreml-Führung keine Revolutionen kubanischer Art in Lateinamerika angezettelt sehen will, warnt sie

Castro, im Falle einer Invasion der USA keine militärische Unterstützung erwarten zu können. Zur Strafe bekommt Kuba nicht die gewünschte Menge Öl. Castro muss das Benzin rationieren lassen. Aus Wut darüber bleibt er den Feierlichkeiten zum 50. Jahrestag der Oktoberrevolution in Moskau fern.[140] Ein riskanter Fauxpas, allerdings weiß Castro auch, dass er den ideologischen Streit nicht auf die Spitze treiben darf. Schließlich hängt Havanna am Tropf der UdSSR. Dass die Sowjetunion Erdöl zu Preisen unter dem Weltmarktniveau auf die Insel liefert und Zucker in großen Mengen zu Preisen über denen des Weltmarkts abnimmt, bringt Kuba etliche Jahre eines stetigen Wachstums. Unabhängig von der fortan durch die Sowjetunion und die sozialistischen Bruderländer in den folgenden fast drei Jahrzehnten geleisteten enormen Wirtschafts- und Militärhilfe bleibt das Verhältnis bis zum Verschwinden der Sowjetunion von der politischen Landkarte unterkühlt.[141]

Die autochthone Revolution

Die kubanische Revolution zehrte und zehrt noch immer in ihrer Außenwirkung, vor allem in ihrer Ausstrahlung auf die Dritte Welt, von einigen singulären Fakten. Dazu gehört zuvorderst die Tatsache, dass diese Revolution «selbst gemacht» war. Sie entsprang als autochthoner Akt der Befreiung von der Batista-Diktatur und der «Vormundschaft» der USA über die Zuckerinsel dem Freiheitsdrang der Mehrzahl der Kubaner. Auch wenn sich diese Mehrheit erst mit dem Erfolg und den ersten wegweisenden Maßnahmen der Revolution hinter den Revolutionären zusammengefunden hatte.

Anders als im Falle Mittelosteuropas, wo man den Sozialismus nach 1945 mit Hilfe der Roten Armee und der Partei-Apparatschiks einer genuin verschiedenen politischen Tradition aufgepfropft hatte, war die kubanische Revolution kein «Import» aus anderen Ländern. *Diese Revolution ist ein ureigenes Produkt unseres Landes*, bekräftigte Fidel Castro bei mehr als einer Gelegenheit. *Niemand hat uns gesagt, wie wir sie zu machen hätten. Und wir haben sie gemacht. Niemand wird uns vorzuschreiben haben, wie wir sie fortzuführen haben. Und wir werden damit weitermachen. Wir haben gelernt, Geschichte zu schreiben. Und wir werden damit fortfahren. Niemand sollte da Zweifel haben.*[142]

Unüberhörbar: der drohende Unterton, den nur anschlagen kann, wer sich seiner Sache und der Loyalität seiner «Untertanen» sicher ist, falls es jemals zu einer militärischen Auseinandersetzung zwischen den USA und Kuba kommen sollte. Diese Authentizität der Revolution war der Hauptquell der Mythen und Legenden, die sich seither um das Leben und Wirken Fidel Castros ranken, und der Hauptquell einer neuen Würde für die Kubaner, deren Lebensverhältnisse vor 1959 dazu keinen Anlass gaben. Man könnte sogar sagen, dass Fidel Castro es als Oberhaupt eines Inselstaats geschafft hatte, dass sein Name für Millionen von Menschen einen nahezu religiösen Klang besaß.[143] Kubaner, die noch die Jahre vor dem stets beschworenen «Triunfo de la Revolución» miterlebt hatten, kennen keine Hemmung, ihr Lob Fidels bis ins Blasphemische zu steigern. Wie einige alte Männer auf dem Zentralplatz von Santa Clara – einer erklärt: «Die Mehrheit hier, das sind keine Kommunisten. Sie sind Fidelistas. Schauen Sie, Fidel ist hier unser Gott. Kommunismus, das ist eine Sache. Fidelist etwas ganz anderes. Weil Fidel einen Weg eingeschlagen hat, von dem er nicht abgeht. Er ist eben sehr intelligent. Ich bin zwar Analphabet. Aber ich kenne mich aus. Einer der größten Staatsmänner der Welt ist Fidel Castro.»[144]

«Es lebe Kuba!»: Castro vor der kubanischen Flagge. Sowjetische Postkarte aus dem Jahr 1963

Dass all die Versuche, dem «kubanischen Experiment» ein Ende zu bereiten, an der mehrheitlichen Loyalität der Kubaner zur Revolution abgeprallt sind, ist wohl zu einem Gutteil der unglaublichen Vitalität des «Comandante en Jefe» zuzuschreiben, der physischen Ausdauer, die er bei seiner Arbeit, speziell bei seinen politischen Reden, an den Tag legt, seinem Auskommen mit wenigen Stunden Schlaf.

Als Fidel Castro noch in dem gerade fertiggestellten und rasch von «Havanna Hilton» in «Habana Libre» umgetauften ersten Haus am Platze residierte, bat man alle Besucher, Gäste, Journalisten etc., sich frühestens um 21.30/22.00 Uhr oder noch später in der Lobby einzufinden, um sich dann von den Leibwächtern zur Suite 2406 eskortieren zu lassen, in Fidel Castros zigarrenrauchgeschwängertes Hauptquartier. Ein Tohuwabohu, das an die Verhältnisse im Befreiungskrieg erinnerte, eine grandiose Unordnung mit System.

Wer zu den Glücklichen mit einem solchen Termin bei Fidel Castro zählte, hatte sich übrigens auch dann noch in Geduld zu üben, bis der «Comandante en Jefe» in einem Pulk von verwegen aussehenden Leibwächtern und umgeben von einem Schwarm von Journalisten auf der Bildfläche erschien.

Wenn Castro mit Staatsgästen im Hinterland unterwegs war, um ihnen Prunkstücke der Revolution, wie moderne Schulen und Krankenhäuser oder seine Spezialität, erfolgreiche Rinderzucht-Projekte, vorzuführen, dann bestand die Gefahr, dass ihn sein fast schon missionarischer Eifer die Zeit bald vergessen ließ. Mahnungen zur Eile überhörte er stets geflissentlich.[145]

REVOLUTIONSTOURISTEN AUS ALLER WELT

Die meisten Revolutionen der Weltgeschichte wirken wegen der grausamen Begleiterscheinungen, den Hekatomben von Menschenleben, die sie kosten, nicht sehr ästhetisch und human. Die kubanische hingegen weckte eine Zeit lang die Hoffnung, dass sie sich zu einer Ausnahmeerscheinung entwickeln könnte. Das Verhalten der Guerilleros gegenüber den Bauern in der Sierra Maestra und der Umgang mit Gefangenen, Soldaten der Batista-Armee, sprachen dafür. Vor allem aber die libertäre Gesellschaft, auf die der Befreiungskampf hinzuzielen schien.

Kein Wunder, dass das «kubanische Experiment» die linke Intelligenz in Westeuropa und in den USA faszinierte; auch wegen seiner politischen Geographie: Hier konnte ein «tropischer Sozialismus» unter Palmen, im karibischen Ambiente, entstehen. Man machte sich in Scharen auf den Weg nach Kuba, als wäre diese exotische Insel das «verlorene Paradies». Nicht wenige Pilger entschädigten sich selbst mit ihren überschwänglichen Lobeshymnen auf die kubanische Revolution für die düpierten Hoffnungen auf radikale Reformen in ihrem eigenen Land.

Sie projizierten ihre Utopien, die an der Unverrückbarkeit der bürgerlichen Gesellschaft gescheitert waren, auf das «sozialistische Experiment». Sie taten es umso enthusiastischer, als dieses Experiment vor dem Abgleiten in das graue Einerlei und die ideologische Starre des Realsozialismus osteuropäischer Prägung gefeit zu sein schien – schon dank der kubanischen Mentalität und Lebensweise. Havanna wurde zum Mekka der «Revolutionstouristen», die auf der Karibikinsel die «Revolution in Aktion» erleben wollten.

Fatalerweise bekamen die intellektuellen «Wanderer zwischen den Welten» jedoch oft nur die kubanische «Schokoladenseite» der Gesellschaft zu Gesicht. Potemkin'sche Dörfer gab es selbstverständlich auch in der karibischen Version des Sozialismus. Je leidenschaftlicher sich die Kuba-Sympathisanten auf die Seite der Revolution geschlagen hatten, umso unerbittlicher war in der Regel ihre Reaktion auf all das, was ihrem Bilde davon widersprach. Manche Kuba-Aficionados kehrten wie enttäuschte Liebhaber der Insel den Rücken, als sie der einen oder anderen Kluft zwischen dem Idealbild der Revolution und der alltäglichen Realität gewahr wurden.

Hans Magnus Enzensberger, der 1967/68 einem Aufenthalt als Gastdozent in den USA eine Visite in Kuba mit der Begründung vorgezogen hatte, dass er vom kubanischen Volk mehr lernen könne als von amerikanischen Studenten, zeigte sich alsbald zutiefst desillusioniert. In einem «Dossier Revolutionstourismus» vermerkte er: «In Habana habe ich in einem Ausländerhotel immer wieder Kommunisten getroffen, die keine Ahnung davon hatten, dass die Energie- und die Wasserversorgung in den Arbeitervierteln der Stadt nachmittags zusammengebrochen, dass das Brot rationiert war und dass die Bevölkerung zwei Stunden lang für eine Pizza Schlange stand; in ihren Hotelzimmern diskutierten die Touristen inzwischen über Lukacs.»[146]

Kurz und knapp antwortete Fidel Castro in der Debatte über

die Kulturpolitik der Revolutionsregierung auf die oftmals gestellte Frage nach den Spielräumen für Schriftsteller und Künstler, was sie dürften oder nicht: *Innerhalb, im Rahmen der Revolution alles, gegen sie nichts.*

Damit war den willkürlichen Entscheidungen verkniffener Bürokraten, der Denunziation durch übereifrige «Revolutionswächter» und den Umtrieben hundertfünfzigprozentiger Parteimitglieder Tür und Tor geöffnet. Ganz zu schweigen von der Zensur, die diesen Slogan denkbar restriktiv auslegte. Die Warnung «Bis hierher und nicht weiter!» schüchterte im Allgemeinen in der «von oben» erwünschten Weise ein.

Doch nicht alle Künstler nahmen diesen Gesinnungserlass ernst. Der Schriftsteller Heberto Padilla zum Beispiel, der für seinen Gedichtband «Außerhalb des Spiels» 1968 den begehrten Lyrikpreis der «Union der Schriftsteller und Künstler Kubas» (UNEAC) erhielt, hatte darin in verschlüsselter Form den Konflikt zwischen Individuum und Geschichte vor dem Hintergrund der Entwicklung seit der Revolution abgehandelt. Jedoch nicht im Sinne der politischen Führung. Die las aus den Gedichten Padillas Unziemliches heraus, sprich: die üblen Absichten eines Konterrevolutionärs.[147]

> «Die kubanische Revolution wurde geboren, um anders zu sein. Einer unaufhörlichen Hetzjagd seitens des Imperiums ausgesetzt, überlebte sie, so gut sie konnte und nicht so, wie sie es gewollt hätte. […] Dies sage ich voller Schmerzen. Kuba tut weh.»
> Eduardo Galeano (2007)

Die Gesinnungspolizei trat auf den Plan; mit ihren gröbsten Rastern titulierte sie den Dichter als «Hetzer», «CIA-Agent», «Provokateur» und als «Faschisten». Padilla ahnte, was ihm blühte: «Kubanische Dichter träumen nicht mehr / nicht einmal nachts […] / Hände fassen sie an den Schultern / drehen sie herum […].»

Wie er es in diesem Gedicht vorhersagte, so geschah es auch. Padilla wurde von Männern des Geheimdienstes abgeholt und ins Gefängnis gesteckt. Er kam zwar nach 37 Tagen wieder frei, aber zu einem hohen Preis. Er musste eine Selbstkritik veröffentlichen. Die Abgesandten der Staatssicherheit, die ihn wohl kaum besonders pfleglich angefasst hatten, lobte er bei einer Pressekonferenz in höchsten Tönen als sensibel, intelligent und einfühlsam, hätten sie doch «die Freundlichkeit» gehabt, «mich hinauszuführen und mir die Sonne zu zeigen». «Ich trug den Geist des Defätismus in die Poesie», klagte er sich artig an. «Wie oft war ich undankbar und ungerecht gegen Fidel. Ich werde es immer bereuen.» Dieses Dokument der Würdelosigkeit bescherte Fidel Castro säckeweise empörte Post aus Europa und Lateinamerika.

Illustre Kollegen Padillas wie Gabriel García Márquez und Geistesgrößen wie Jean-Paul Sartre drückten ihr Befremden aus und ergriffen für den Schriftsteller Partei. Eindringlich appellierten sie an Castro, Kuba den dogmatischen Obskurantismus, die kulturelle Fremdenfeindlichkeit und das repressive System zu ersparen, die der Stalinismus den sozialistischen Ländern aufgezwungen hatte und die eine erschreckende Ähnlichkeit zu jenen Dingen aufwiesen, die sich zurzeit auf Kuba zutrugen. In einem Protestbrief, den Jean Paul Sartre, Simone de Beauvoir, André Gorz, Rossana Rossanda und viele andere unterzeichneten, hieß es: «Der bedauerliche Text der Selbstanklage […] kann nur unter Umständen […] entstanden sein, welche die Negation der Legalität und der revolutionären Gerechtigkeit darstellen […]. Inhalt und Form dieses absurden Geständnisses mit seinen absurden Anklagen erinnern an die dunkelsten Momente des Stalinismus».

Castro schäumte. Nun wisse er endlich, wer die wahren «Freunde» Kubas seien, die anderen, die sich eingeschlichen hätten, seien nun entlarvt. Diesen «schamlosen Pseudolinken», diesen «CIA-Agenten» und «Spionen des Imperialismus» sei der Besuch Kubas in Zukunft verboten.[148] Simone de Beauvoir eine «Spionin des Imperialismus»? Eine bizarre Vorstellung! Der Volkstribun Castro behielt immer noch die Oberhand über den Staatsmann Castro.

Castro : Ich bin die Revolution

«Hablara Fidel» – Fidel wird sprechen

Ein Kenner der kubanischen Verhältnisse ordnete den Máximo Líder einem ganz bestimmten Typus zu: «Es besteht kein Zweifel, dass Fidel den unermüdlichen Mann der Tat [...] dem Mann der Leidenschaft für gutes Essen, Worte und Bücher vorzog.»[149] Doch das eine schloss im Falle Castros das andere nicht aus, das war ja gerade das Besondere, häufig auch Bewunderte an ihm, sein endloses «Wortemachen» (sprich: lange Reden halten), ausgezeichnet kochen und sich dank seines ständigen Heißhungers auf Lesestoff in kurzer Zeit ein beachtliches Wissen aneignen zu können.

Fidel Castro stand immer unter Strom, musste überall dabei und stets präsent sein. Als gälte es die Welt zu lehren, und in der Tat hat er dies auch versucht. Viele Male und überall im Land, besonders jedoch auf der Plaza de la Revolución in Havanna. Sie wird von einem bombastischen Denkmal für den «Nationaldichter» und «Apostel» Martí dominiert, errichtet Anfang der 1950er Jahre. «Die moderne Stahlbetonkonstruktion ist mit weißem Marmor verkleidet, 20 000 Kubikmeter Beton, 2000 Tonnen Stahl und 10 000 Tonnen Marmor wurden verwendet», heißt es in einem Reiseführer.[150] Und am Fuß dieses Monstrums von einem Denkmal sitzt ein nachdenklicher marmorner Martí, der sich vielleicht der Gigantomanie zu seinen Ehren schämt, war er selbst doch ein Ausbund an Bescheidenheit.

Am 28. September 1973 sollte eigentlich ein Jubiläum auf der Plaza begangen werden: der 13. Jahrestag der Gründung des «Komitees zur Verteidigung der Revolution» (CDR), einer Massenorganisation, die schon mit dem Blockwart-System des Dritten Reiches verglichen worden ist. Die Feier musste jedoch wegen des aufsehenerregenden Militärputsches um Pinochet in Chile und der Nachricht vom Tod des Präsidenten Salvador Allende verschoben werden.

Um die Mittagszeit beginnen Hunderttausende von Kubanerinnen und Kubanern auf den Platz zu strömen. Es vergehen

Fidel Castro und
Salvador Allende
bei einem
Staatsbesuch
des kubanischen
Präsidenten in
Chile, 1972

Stunden, bis er sich gefüllt hat, dennoch bleibt die fast physisch spürbare Konzentration auf der Plaza erhalten. «Habla Fidel», es spricht Fidel – er spricht und spricht und spricht, zwei Stunden, drei, vier und länger. Es wird dunkel, man merkt es kaum. Es fällt schwer, von diesem Redner, seiner Sprache, Dramaturgie und Gestik nicht gebannt zu sein. Man gewöhnt sich schnell an die unerwartet hohe Stimme, die auf den ersten Blick nicht so recht zur Statur Fidel Castros zu passen scheint. Im Übrigen wird man leicht entschädigt durch das «rrrrrrr», das der Redner über die Köpfe der Versammelten hinwegrollen lässt.

Es sind nicht die üblichen Worthülsen, Leerformeln und Parolen, die auf die Versammlung niedergehen. Fidel Castro, der sich 1971 wochenlang zu einem Staatsbesuch in Chile aufgehalten und dabei Freundschaft mit Salvador Allende geschlossen hatte, klärt über die Vorgeschichte des Staatsstreichs auf, wie es einem Politikwissenschaftler nicht besser hätte gelingen können. Er analysiert aufs genaueste die sozialen Prozesse, die zum Sturz Allendes führten. Wie der Boykott durch das Transportgewerbe die Versorgung der Bevölkerung gefährdet und damit, wie beabsichtigt, Unmut über die Regierung geschürt habe. Ob Allende das Volk rechtzeitig hätte bewaffnen sollen, das wird in diesen Tagen zur vieldiskutierten Frage. Und für Fidel Castro, der mit seinen wenigen Guerilleros eine von den USA hochgerüstete Armee in die Knie gezwungen hatte, ist die Antwort klar. Doch legt er jetzt, am 28. September 1973, gut zwei Wochen nach dem Putsch, zu dem

die USA nach Regieanweisungen von Henry Kissinger das Ihre bei-
getragen hatten, keine besserwisserischen Attitüden an den Tag.

Eine Art Dialog entspinnt sich zwischen dem Massenpubli-
kum auf der Plaza de la Revolución und seinem Máximo Líder.
Nicht ganz abwegig der Verdacht, er beziehe die Zurufe als rein
akustische Kulisse demagogisch geschickt in seine Rede ein – aber
er antwortet tatsächlich auf die Fragen, speist die Rufer nicht nur
mit Plattitüden ab. Auf witzige Einwürfe reagiert er sogar mit
spontaner Ironie. Seine spitzen rhetorischen Fragen lösen ein
tausendfaches Echo aus. Es ist Nacht, als sich die Plaza nach dieser stundenlangen Zwiesprache leert.[151] Castro stellt von nun an
Allende an die Seite großer Helden wie Ernesto Guevara und José
Martí.[152]

Im Laufe der Jahrzehnte, nach Hunderten von Reden, war die
Rhetorik Castros unter dem Einfluss der ideologischen Dogma-

Fidel Castro spricht auf einer Kundgebung zum Jahrestag
der Revolution, 1964

tik unverkennbar verflacht; statt Aufklärung über sozialökonomische Entwicklungen zu betreiben, huldigte er nun oft einem platten Fortschrittsmythos. Der geschichtliche Determinismus, der sich in Aufrufen wie «Siempre adelante!» (Immer vorwärts!) oder «Hasta la victoria siempre!» (Immer weiter zum Sieg!) ausdrückte, verlangte freilich auch solche Erfolgsmeldungen.

Der Realsozialismus ist nicht zuletzt wegen des Übermaßes an schönfärberischen Befunden und der Monotonie, mit der diese der längst abgestumpften Bevölkerung als soziale Wirklichkeit aufgenötigt wurde, untergegangen. Es erwies sich als Ding der Unmöglichkeit, die banalste alltägliche Erfahrung des Mangels über Jahrzehnte auszublenden und stattdessen grenzenlosen Optimismus auszustrahlen. Die Libreta, die Lebensmittelkarte[153], auf der nur kärglich rationierte Mengen an Nahrungsmitteln angegeben sind, ist seit 1962 ein trauriges Dokument des Notstands, der im Wesentlichen drei Gründe hat: 1.) die US-Blockade; 2.) den Untergang des Realsozialismus und damit auch das Ende der «Entwicklungshilfe» aus Mittel- und Osteuropa; und 3.), was häufig verdrängt wird, die hausgemachten Unzulänglichkeiten, vor allem die kubanische Wirtschaftspolitik mit ihren zahlreichen Wendemanövern, ihrem Hin und Her zwischen mehr Plan- oder mehr Marktwirtschaft.

Vor Jahren schon war darüber spekuliert worden, wie lange Fidel Castro diesen Unbilden noch würde standhalten können. Und es sind ganze Szenarien, akademisch aufgezäumt, entwickelt worden – «Was wäre, wenn …?» Ein müßiges Unterfangen, noch wurde Fidel Castro nicht «gestürzt». Es zahlte sich für ihn aus, dass er im Laufe seines Lebens immer wieder einmal gezwungen war, aufkommenden Unmut zu beschwichtigen oder Aufbruchstimmung zu erzeugen, wenn das «Meer von Plagen», über das er sich dabei häufig beklagte, in Havanna über die Uferstraßen, den Malecón, zu schwappen drohte.[154]

Nicht weit von dort, am Hafen, flammten am 5. August 1994 heftige Unruhen auf, als Gerüchte über gekaperte Fährschiffe mit Kurs auf Florida die Runde machten. «Straßenschlachten in Kubas Hauptstadt», meldete die Nachrichtenagentur AP.[155] «Nach Demonstrationen, Plünderungen und Krawallen […] hat der kubanische Präsident Castro am Wochenende die Vereinigten Staaten der Hetze beschuldigt.»[156] Würden sie über ihre Radiosender die Kubaner weiterhin zur Flucht ermutigen, sähe sich die kubanische Regierung unter Umständen gezwungen, einem neuen Massenexodus grünes Licht zu geben, drohte Castro. So wie knapp fünfzehn Jahre zuvor, als rund 125 000 Kubanerinnen und Kubaner über den Hafen Mariel Kuba in Richtung Florida verließen. Darunter, zum Schrecken der US-Einwanderungsbehörden, Tausende von Geisteskranken und Kriminellen.

Die erste Anti-Castro-Demonstration an diesem 5. August 1994 war ein einschneidendes Ereignis. «Das war der Beginn der schwersten Ausschreitungen in der Geschichte der kubanischen Revolution», bilanzierte der Biograph Leycester Coltman, der von 1991 bis 1994 britischer Botschafter in Havanna gewesen war, mit guten Kontakten zum Máximo Líder.[157]

«OPERATION PLUTO»: DIE INVASION IN DER SCHWEINEBUCHT

Die amerikanische Regierung wollte Fidel Castro liquidieren und damit zugleich den Sozialismus auf der Antillen-Insel. Ein direkter kriegerischer Akt verbot sich von selbst. In Frage kam nur ein Unternehmen, das zwar von der Regierung gefördert wurde, aber in dieser Hinsicht «top secret» bleiben würde – im Grunde ein Ding der Unmöglichkeit.

Am 18. Januar 1960 traten etwa ein Dutzend CIA-Obere und -Agenten im Büro von Colonel J. C. King, Chef der CIA für die westliche Hemisphäre, zu einem Brainstorming zusammen. Darunter Richard M. Bissell, stellvertretender CIA-Chef mit reichlicher Erfahrung in psychologischer Kriegsführung. Keiner der Anwesenden hatte jemals etwas von der Schweinebucht gehört, einem sumpfigen Gebiet im Süden Kubas, mit der Halbinsel Zapata und der Playa Girón, dem Strand am Bauch des Kaimans, wie Kuba auch bezeichnet worden ist.

Als die Sitzung der Geheimdienstler zu Ende ging, war die Invasion in der Schweinebucht beschlossene Sache, unter den Geheimdienstlern intern auch «Operation Pluto» genannt. «Castro muss weg!», lautete die einhellige Parole. Und die Runde war sich auch darin einig, dass es keinen besonderen Kraftakt erfordern dürfte, um dies zu erreichen.

Man hatte ja auch die «Operation Success» noch in guter Erinnerung, den von der CIA geplanten, finanzierten und gelenkten Überfall auf Guatemala im Sommer 1954 mit dem Ziel, den Reformpräsidenten Jacobo Arbenz zu stürzen.[158] Der hatte den «Fehler» gemacht, sich an US-amerikanischem Eigentum zu vergreifen, nämlich die ungerechte Landverteilung zu korrigieren. Dass er dabei auch Grund und Boden des Bananen-Trusts United Fruit Company nationalisieren ließ, der «220 000 Hektar an der Atlantikküste besaß, von denen 85 Prozent ungenutzt blieben»[159], war der Anfang vom Ende seiner Präsidentschaft.

Im Exil in Honduras baute der guatemaltekische Oberst Carlos Castillo Armas, der nach einem misslungenen Putsch ins Nachbarland geflohen war, mit Hilfe der CIA eine Exilarmee auf, die Arbenz so unter Druck setzte, dass er am 27. Juni 1954 zurücktrat und das Land verließ. An seine Stelle trat bald darauf Castillo Armas, der nun «eine brutale Rechtsdiktatur» errichtete.[160] All das ging rasch und reibungslos vonstatten, weil sich die Guatemalteken nicht wehrten, wie Ernesto Guevara bitter vermerkte, der bis zuletzt auf einen bewaffneten Widerstand gehofft hatte; enttäuscht von der Passivität der Guatemalteken, aber auch, um die eigene Haut zu retten, trat er damals die Flucht nach Mexiko an.

Beflügelt von dem Erfolg der «Operation Success», gingen die CIA-Oberen nun das Schweinebucht-Unternehmen auf Kuba an. Szenarien zum Sturz von Castro heckten Mitarbeiter der CIA, des State Department und des Pentagon im Übrigen schon seit Herbst 1959 aus.

Der Startschuss zur «Operation Pluto» fiel am 17. März 1960, als Präsident Dwight D. Eisenhower auf den Tag genau dreizehn Monate vor dem Beginn der Invasion den von einer Sondergruppe (SG) des National Security Council (NSC) ausgearbeiteten Plan zu einer militärischen Invasion Kubas guthieß. «Der Zweck des [hier] dargestellten Programms ist es, das Castro-Regime durch eines zu ersetzen, das mehr den wirklichen Interessen des kubanischen Volkes verpflichtet und annehmbarer für die USA ist, und zwar auf eine Weise, die jeglichen Anschein einer US-Intervention vermeidet.»[161] Unter dem Kommando von CIA-Vizedirektor Bissell bildete die CIA rund 1400 Exil-Kubaner mehr schlecht als recht in Schnellkursen zu Soldaten aus.

Währenddessen hielten «Einzelkämpfer», von der CIA ermutigt, im Frühjahr 1961 mit Terror- und Sabotageakten die Bevölkerung in Atem. Die Mordpläne gegen Castro wurden immer bizarrer, wie sich später zeigte, dank eines Senatsausschusses, der sie zutage förderte und der Öffentlichkeit zugänglich machte.[162] Für die Zeit zwischen 1960 und 1965 sind allein acht Pläne für Mordanschläge gegen Fidel Castro unter Beteiligung der CIA aufgedeckt und dokumentiert worden. Unter anderem waren die Techniker der CIA auf die Idee gekommen, Castros Rundfunkstudio mit einer LSD-ähnlichen Chemikalie auszusprühen, der Plan wurde fallengelassen, weil dieser Wirkstoff als zu unzuverlässig galt. Die Experten für solche Art von Mord auf Bestellung präparierten auch einmal eine Kiste Zigarren mit einer Chemikalie, die kurzfristig geistige Verwirrung auslöst. Man wollte ein andermal den Barbudo Fidel treffen, indem man seine Schuhe mit Thallium-Salz bearbeitete, einem starken Enthaarungsmittel. Bart ab! Bei fast all diesen Plänen ging es darum, Castro seines Charismas zu berauben, zumindest sein Image zu beschädigen.

Wenige Tage vor dem Invasionsversuch in der Schweinebucht defilieren in Havanna Tausende bewaffneter Milizen vor Fidel Castro.

Um den Geheimkrieg gegen Fidel Castro weiter zu «professionalisieren», heuerte die CIA Mafia-Bosse an: Salvatore «Sam» Giancana vom Chicagoer Verbrechersyndikat und Santos Trafficante, früherer Boss der Cosa Nostra in Havanna. Diese «Gottväter» des organisierten Verbrechens nahmen den Auftrag gern an, für sie eine reine Routinesache und ein Mord mit der Aussicht, die einstmals so ergiebigen Pfründe in Kuba wieder unter die eigenen Fittiche zu bekommen.

Die Falken in Washington gaben jedoch nicht nur die Beseitigung des Máximo Líder in Auftrag. Sie plädierten für ein umfassenderes Mordkomplott, bei dem die Trias der Revolution gleich auf einen Schlag ausgeschaltet werden könnte: Fidel und Raúl Castro mitsamt Che Guevara. Der Staatssekretär für politische Angelegenheiten im Außenministerium, Livingstone Merchant, war sich sicher, «dass ohne diese drei die kubanische Regierung führerlos und möglicherweise kopflos sei»[163].

Am 21. Juli 1960 traf dann in der CIA-Filiale eine entsprechende Instruktion des CIA-Chefs Allen Dulles ein, kein expliziter Mordauftrag, doch immerhin wurde ein dreifacher Mord erwogen: «Das Hauptquartier faßt ernsthaft die Möglichkeit ins Auge, alle drei Führer (Che Guevara, Raúl und Fidel Castro) zu beseitigen.»[164] Eisenhower unterstützte die Brigade 2506 der Exil-Kubaner, als wäre ein Angriff auf ein Nachbarland das Selbstverständlichste der Welt – trotz UNO, OAS und Internationalem Gerichtshof in Den Haag.

Am 23. Juli 1960 hatte CIA-Chef Dulles erstmals den Senator und künftigen Präsidenten John F. Kennedy über die Hinterlassenschaft seines Vorgängers «Ike» Eisenhower unterrichtet. Theoretisch konnte «der Neue» die Annahme dieser zweifelhaften Erbschaft ablehnen, das hätten ihm jedoch seine potenziellen Wähler übelgenommen. Er durfte keinen Zweifel an seinen Aversionen gegen den Sozialismus aufkommen lassen. Und schon gar kein Gerede über seinen Patriotismus.

Im Wahlkampf überboten sich die Kandidaten John F. Kennedy bei den Demokraten und Richard M. Nixon bei den Republikanern dann auch in dem Bestreben, Kuba zur Chefsache zu machen. Kennedy holte dabei historisch weit aus, bis zu James Monroe (1817–25) und der nach ihm benannten Doktrin, wonach die europäischen Mächte sich aus den amerikanischen Angelegenheiten heraushalten sollten. Er werde es nicht zulassen, drohte Kennedy, dass sich die Sowjetunion mit Kuba eine Basis in der Karibik schaffe.[165] Fidel Castro war vorgewarnt. «Bereits am 1. Mai 1960 sagte er in einer Rede auf dem Platz der Revolution die kommende Invasion voraus. Seine Prognose, dass die Landung von der CIA organisiert und von militärischen Stützpunkten in Guatemala aus unternommen werden würde, sollte sich als richtig erweisen. Auf demselben Meeting wurde zum ersten Mal ein Ruf laut, der um die ganze Welt gegangen ist: ‹Cuba si! Yanqui no!›»[166]

Einen Vorgeschmack auf die Invasion bekamen viele Kubaner am Morgen des 15. April 1961, als Pulks von Flugzeugen unbekannter Nationalität die Insel überflogen. Fidel Castro vermerkte zu diesen Ereignissen in einem Kommuniqué: *Am Samstag um 6 Uhr morgens haben mehrere von 26-Flugzeugen amerikanischer Bauart verschiedene Punkte Kubas bombardiert, nämlich San Antonio de los Baños, Havanna und Santiago de Cuba.*[167]

Die von der «Frankfurter Allgemeinen Zeitung» nach Havanna entsandte Sonderkorrespondentin berichtete: «Ministerpräsident Castro hat die Mobilmachung angeordnet und die Vereinigten Staaten einer direkten Aggression beschuldigt. Bei den Angriffen sind nach kubanischer Mitteilung zehn Menschen getötet und 24 verletzt worden.» Bis zu diesem «Luftüberfall» waren auf «Anregung» von Eisenhower bereits unermessliche Schäden angerichtet worden.[168] Nun lag ein großer Teil der kubanischen Luftwaffe vernichtet am Boden. Zwei der Piloten, deren Flugzeuge bei dieser Aktion beschädigt worden waren, baten in den USA um Asyl. «Sie sind, wie die übrigen Flugzeugführer, nach bisherigen Feststellungen Castrofeindliche Deserteure der kubanischen Luftwaffe. Die Vereinigten Staaten haben jede Verantwortung für den Zwischenfall abgelehnt», so die FAZ.[169]

Der Angriff löste eine schreckliche Empörung aus, berichtete Castro später. *Am 16. April beerdigten wir die Toten. […] An diesem Tag gab ich die Antwort, nicht nur militärisch, sondern auch politisch: Ich proklamierte den sozialistischen Charakter der Revolution noch vor den Kämpfen am Strand von Girón.*[170]

Die Heroen der «Bewegung 26. Juli» standen in der darauffolgenden Nacht über die Insel verstreut an verschiedenen Orten

Wache: Raúl Castro in der Provinz Oriente, Juan Almeida, ein alter Kämpfer, im Zentrum des Landes, Che Guevara im Westen, und in Havanna hielt sich Fidel Castro bereit, das Oberkommando zu übernehmen.

Am 14. April waren die Männer der Brigade 2506 vom nicaraguanischen Puerto Cabezas aus mit Kurs auf Kuba in See gestochen. Ausgestattet mit dem Segen des nicaraguanischen Diktators Luis Somoza, der sich zum Abschied von seiner seltsam humorigen Seite zeigte, indem er die Söldner bat, ihm Barthaare von Fidel Castro als Souvenir mitzubringen.

Die «Freiheitskämpfer» waren schon bald nicht mehr zu Scherzen aufgelegt; viele der Männer auf den acht Transportschiffen und sechs Begleitbooten ahnten wohl das Desaster, das auf sie zukam. Bei Tagesanbruch des 17. April versuchten sie, an Land zu gehen und einen Brückenkopf zu bilden, von dem aus eine Volksbewegung gegen Castro anheben sollte. Als nächster Schritt war geplant, eine Provisorische Regierung einzusetzen, die von Washington postwendend anerkannt würde, um dann mit dem großen Aufräumen auf der Insel zu beginnen.

Doch es kam anders für die selbsternannten «Befreier» Kubas. Sie gerieten noch auf See unter Beschuss, dabei ging ein Großteil ihrer Waffen und Kommunikationsgeräte verloren. Die ungebetenen Gäste sahen sich einer weit größeren Streitmacht gegenüber, als sie ahnen konnten. Der «Comandante en Jefe», in Personalunion Oberbefehlshaber der Streitkräfte, gebot über 25 000 gutausgerüstete Soldaten und 200 000 leichtbewaffnete Milizionäre. Die Verteidiger waren den Invasoren gegenüber entschieden im Vorteil: Sie kannten sich in dem Gelände aus, waren bewaffnet und auf alles vorbereitet.[171]

Die Invasoren fanden sich in der Umgebung nicht zurecht, der Überraschungseffekt war dahin; so konnten sie nicht, wie geplant, unbemerkt an Land gehen. Im Gegenteil, sie wurden an der Playa Girón, am Eingang zur Bucht, bereits erwartet. Und schließlich ging ihnen einfach die Munition aus. Nach 72 Stunden war der Spuk vorbei, hatten die Fidelistas den Kampf für sich entschieden. 160 kubanische Soldaten und Milizionäre und mehr als 100 Exil-Kubaner waren dabei ums Leben gekommen. Der größte Teil der Männer geriet in Gefangenschaft. Der wohl wichtigste Grund

Fidel Castro als Oberkommandierender der «Revolutionären Streitkräfte» und der Milizen im Kampf gegen die Invasion in der Schweinebucht, 17. April 1961

für das klägliche Scheitern dieses «Befreiungsheers»: US-Präsident John F. Kennedy hatte sich betont distanziert verhalten, um nicht als der Hauptsponsor eines gescheiterten Projekts in Verruf zu geraten. Er tat alles, um die «Operation Pluto» als rein exilkubanisches Unternehmen erscheinen zu lassen. Maßlos enttäuscht waren die Exil-Kubaner vor allem darüber, dass Kennedy ihnen die Luftunterstützung verweigert hatte. Die Beteiligten fühlten sich verraten und verkauft, als sie nun noch für den Dilettantismus der CIA-Chefs büßen mussten.[172]

Castro hingegen konnte hochzufrieden sein. Von nun an hatte er seinen Nimbus zu einem Gutteil diesem fulminanten Sieg zu verdanken – und hatte er nicht immer schon einen besseren Schutz Kubas vor solchen Invasionen gefordert? Dass die sowjetische Führung glaubte, die Sicherheit Kubas mit Atomwaffen gewährleisten zu müssen, ist allerdings ein Kapitel für sich.

Doch das Bild Castros als Alleinherrscher, der sich von allen Seiten, nicht nur von der Brigade 2506, bedroht sah, behielt Trübungen. «Kaum waren am 15. April die Luftangriffe vorüber, befahl Castro eine Massenfestnahme aller üblichen Verdächtigen. Damit waren all jene neutralisiert, auf deren Unterstützung die Invasionstruppe setzte. Als diese an der Playa Girón schließlich die weiße Flagge schwenkt, sind zwischen 100000 und 250000 Menschen in Gefängnissen, Sporthallen oder in anderen Internierungslagern inhaftiert.» [173] Allein 35 000 in Havanna.

Kennedy ließ sich von dem desaströsen Scheitern der «Operation Pluto» in der Sache nicht beirren. Sein Bruder, Justizminister Robert Kennedy, zog schon am 19. April den für ihn nur logischen Schluss, dass «die Zeit für eine endgültige Auseinandersetzung [Showdown]» gekommen sei. Und Verteidigungsminister Robert S. McNamara zeigte sich ähnlich unverdrossen. Am 29. April legte er einen neuen Invasionsplan vor, der verhieß, dass mit einer Streitmacht von etwa 60000 Soldaten bereits innerhalb von acht Tagen die Kontrolle über die Insel zu erreichen wäre. [174]

Castro wiederum wurde all die Jahre nicht müde, auf die gesteigerten Fähigkeiten Kubas hinzuweisen, einem konventionell noch so hochgerüsteten Eindringling zu widerstehen. Vorsorglich benannte er beispielsweise 1988 im Interview mit der Kennedy-Verwandten Maria Shriver von der NBC, was künftige Invasoren erwarten werde: *Wenn die USA Kuba invadieren, werden sie sich die Zähne ausbeißen. Nicht dass wir ihre Flotte versenken oder ihre Luftwaffe vernichten würden. Dieses Land ist so organisiert, so geeint und so vorbereitet, dass die USA, wenn sie versuchen würden, Kuba zu invadieren, einen so hohen Preis zahlen müssten, wie ihr es, glaube ich, nicht zulassen würdet.* [175]

Der «Krieg des ganzen Volkes», mit dem Castro drohte, verfehlte seine Wirkung offenbar nicht. Und das Schicksal der Gefangenen von der Schweinebucht gereichte auch nicht unbedingt zum Ansporn für weitere solche Unternehmen. Die rund tausend Gefangenen der Brigade 2506 mussten zunächst ein ungewöhnliches Experiment mit sich machen lassen. Unter freiem Himmel wurden sie vor großem Publikum verhört und nach ihren Motiven, ihrer Herkunft sowie ihren Zielen befragt. Castro nahm selbst an einem Abend teil, um mit den gefangenen Exilierten über die Verdienste der Revolution zu sprechen.

«Ein solches Verfahren bricht mit einem schlechten Herkommen, das sich tief in die Geschichte der Revolutionen eingenistet hat, und kehrt es um. Die gefangenen Konterrevolutionäre werden nicht in den Kellern der politischen Polizei isoliert oder in Konzentrationslager eingesperrt, sondern dem Volk gegenübergestellt, das sie besiegt hat. Deshalb sind auch die Fragesteller keine Inquisitoren, weder Polizisten, noch Untersuchungsrichter, noch Schöffen. [...] Sie vertreten [...] unmittelbar das cubanische Volk.»[176]

Fidel Castro wollte sich «seinen Sieg in der Schweinebucht teuer bezahlen lassen. Er hatte auch eine Idee, in welcher Form das geschehen sollte. Anstelle von Reparationen»[177] im herkömmlichen Sinne sollte die US-Regierung mit 500 fabrikneuen Traktoren des Typs «Caterpillar D-8 Super» zum Stückpreis von etwa 40 000 Dollar Abbitte für ihren Anteil an dem völkerrechtswidrigen Anschlag auf Kuba leisten. Dieses «Angebot» empfanden viele Amerikaner jedoch als geschmacklos. In den USA fühlte man sich fatal an das Tauschgeschäft erinnert, das der Massenmörder Eichmann siebzehn Jahre zuvor den Alliierten angeboten hatte: 10 000 Lastwagen für eine Million ungarischer Juden. Nach langem Feilschen kamen die selbsternannten «Freiheitskämpfer» dann im Dezember 1962 gegen Lebensmittel und Medikamente im Wert von 53 Millionen Dollar frei. Die Brüder Kennedy warteten weiterhin nur auf eine neue Gelegenheit, das Castro-Regime von der politischen Landkarte tilgen zu lassen.

«OPERATION ANADYR»: DIE RAKETENKRISE

Der CIA-Vize Richard Bissell war in Ungnade gefallen, weil er die Kennedy-Administration vor aller Welt so sträflich blamiert hatte. Das Säbelrasseln gegenüber Kuba ging weiter, nur unter anderem Label und anderer Leitung: «Mongoose» benannt.[178] Die Leitung dieses neuen Abenteuers übernahm Brigadegeneral Edward Lansdale, ein Counter-Insurgency-Spezialist.[179]

Am 26. September 1962 ermächtigte der Kongress in Washington den Präsidenten, in Kuba zu intervenieren, wenn er von dort eine Gefahr für die Sicherheit der USA ausgehen sähe. Damit bekam der «erste Mann» Amerikas die nach ihm benannte «Kennedy-Doktrin» bestätigt, wonach im «modernisierten» Sinne Monroes («Amerika den Amerikanern») «das Eindringen einer offensiv-bedrohlichen fremden militärischen Macht in Kuba [...]

als unmittelbare Bedrohung der Sicherheit der Vereinigten Staaten und Amerikas angesehen» und verhindert werden müsste. Vier Wochen später sah die amerikanische Regierung diese kritische Sicherheitslage als gegeben an.

Die Aufklärungsflugzeuge der US Air Force hatten das Pentagon mit der Nachricht alarmiert, dass die Sowjetunion Mittelstreckenraketen mit einer Reichweite von etwa 1850 Kilometern und ausgestattet mit Atomsprengköpfen auf Kuba installierte. Auch wenn diese gefährlich unbedachte Demonstration der Stärke nach dem Urteil der Experten das globale nukleare, militärische Gleichgewicht nicht veränderte, stellte sie doch politisch und psychologisch eine Herausforderung ersten Ranges dar, ähnlich wie die vorherige Stationierung amerikanischer Mittelstreckenraketen in der Türkei die Sowjetunion hatte alarmieren müssen. Die Tatsache, dass die Sowjets diese Raketen nicht irgendwo im Hinterhof der USA aufstellten, sondern direkt vor deren Haustür, schien die schlimmsten Befürchtungen zu bestätigen, wonach auf der «roten Insel» ein Brückenkopf zum Angriff auf die «freie Welt» entstand.

Die Kubaner mochten sich daraufhin noch so empört gegen ein Einlenken ihrer Schutzmacht Sowjetunion wehren. Sie wurden von Moskau nicht gefragt, geschweige denn zurate gezogen, sondern vor vollendete Tatsachen gestellt: Nach vier Tagen am «nuklearen Abgrund» bot die Sowjetunion am 26. Oktober 1962 an, ihre Raketen aus Kuba abzuziehen und alle anderen Forderungen der Kennedy-Administration zu erfüllen, wenn diese verbindlich zusagen könnte, Kuba in Zukunft nicht mehr anzugreifen. Obwohl solche Zusagen ausblieben, zog die Sowjet-Regierung die Raketen zwei Tage später ab.[180] Die Gefahr eines Atomkriegs war gebannt. Und Fidel Castro empörte sich darüber, völlig übergangen worden zu sein. Es mochte am «Ausnahmezustand» liegen, dem viele in diesen Tagen ausgesetzt waren, dass er sich in einer Weise äußerte und verhielt, wie man es von ihm nicht gewohnt war. Er bedachte den «Genossen» Chruschtschow mit einem Schwall von Schimpfwörtern. Es war ein schlimmer Affront gegen den selbstbewussten Castro gewesen, die spektakuläre Neuigkeit aus Radio- und Agenturmeldungen zu erfahren wie jeder gewöhnliche Bürger auch.

In einem Brief an Chruschtschow vom 26. Oktober 1962 beschwor er den Kreml-Chef, im Falle einer US-Invasion auf Kuba mit einem Einsatz von Atomwaffen zu reagieren. Der Erste Sekretär der KPdSU antwortete prompt auf dieses aus dem Gefühl der persönlichen Demütigung heraus unverzeihlich gefährliche Ansinnen: «Dies wäre nicht nur ein einfacher Schlag, sondern der Beginn des thermonuklearen Krieges. Lieber Genosse Fidel Castro, ich halte Ihren Vorschlag für unkorrekt.»[181]

Dabei ging Che Guevara noch einen Schritt weiter. Er tat, offenbar aus voller Überzeugung, kund, dass er einem Armageddon, das schon nach einem ersten Atomschlag drohte, durchaus positive Seiten abgewinnen könne: «Es ist das fiebererregende Beispiel eines Volkes, das bereit ist, sich im Atomkrieg zu opfern, damit noch seine Asche als Zement diene für eine neue Gesellschaft. […] Woran wir festhalten ist, dass wir auf dem Weg der Befreiung bleiben müssen, selbst wenn er durch einen Atomkrieg Millionen Opfer kostet.»[182]

Chruschtschow wollte die Krise in den Beziehungen zwischen der Sowjetunion und Kuba möglichst schnell beheben. Er lud Fidel Castro, gewissermaßen als Entschädigung für die erlittene Schmach, zum Staatsbesuch nach Moskau ein und ließ kaum eine Möglichkeit ungenutzt, Castro in Russland zu umschmeicheln. Aus den zehn Tagen, die für die «Wiedergutmachung» im April / Mai 1963 vorgesehen waren, wurden vierzig. So lange hatte sich noch kein Chef eines sowjetischen Satellitenstaates in der Sowjetunion aufgehalten, wie US-Präsident John F. Kennedy säuerlich vermerkte.[183] Die sowjetische Führung ließ Castro und seine Entourage, darunter José Abrantes, Chef der Staatssicherheit und wohl der einzige Marxist von der Pike auf, mit dem neuesten sowjetischen Flugzeug, einer Tupolev 114, einfliegen. Am Flughafen wurden sie von Chruschtschow, Breschnew und dem Astronauten Gagarin begrüßt. Und die Parade am 1. Mai durfte der Máximo Líder Kubas an der Seite von Chruschtschow abnehmen.[184]

DAS «LIEBESWERBEN DER KOMMUNISTEN»

Die Ironie der Geschichte wollte es, dass sich Che Guevara vom beredten Fürsprecher eines einvernehmlichen Verhältnisses zwischen Kuba und der Sowjetunion zum heftigsten Kritiker dieser

Liaison wandelte.[185] Als ihn im Herbst 1960 an der Spitze einer kubanischen Wirtschaftsdelegation eine Marathon-Reise von drei Monaten auch ins Zentrum des Weltkommunismus, nach Moskau, führte, war der «Höhepunkt seines Liebesverhältnisses zum realexistierenden Sozialismus» bereits überschritten. In den Augen der Kreml-Herren blieb er ohnehin ein Abenteurer, Utopist, Trotzkist, Proudhonist, kurzum: ein Paradiesvogel.

Nicht von ungefähr hat man Che Guevara als Chefideologen der kubanischen Revolution bezeichnet. Fidel Castro selbst hatte neidlos die Überlegenheit des Che in der Theorie eingeräumt und die Arbeitsteilung, in der er wiederum den absoluten Vortritt in der politischen Praxis bekam, gewissermaßen als Geschäftsgrundlage gelten lassen. Jedoch nur so lange, wie in den zentralen Fragen Einmütigkeit herrschte – und die ging zwischen dem Dreigestirn, mit Fidel als dem «Herzen», Raúl Castro als der «Faust» und Che als dem «Hirn» der kubanischen Revolution, nach und nach in die Brüche. Eine Tyrannei zu stürzen, das war eine Sache. Ungleich schwieriger würde es sein, prophezeite Fidel Castro schon im Dezember 1957, ein Land nach dem revolutionären Umsturz zu reorganisieren. Die Widrigkeiten der Berge, Hunger, Durst, Hitze, Kälte, Stechmücken und vieles andere, könnten sich als harmlos

Bohío, das typische kubanische Bauernhaus, 1986

108

erweisen, verglichen mit den gesellschaftspolitischen Aufgaben, die in der Ebene auf die Freiheitskämpfer warteten. Anfang 1959, nachdem die «kubanischen Wirren»[186] beendet waren, galt es mit sozialer Phantasie die Missstände einer unterentwickelten Ökonomie zu beheben. Für viele Kubaner, die ungeduldig auf diesen Moment gewartet hatten, erstrahlte im Januar 1959 «die Morgenröte einer neuen Zeit»[187].

Die sozialökonomischen Strukturveränderungen mussten bei der unseligen Dominanz des Zuckers und der Plantagenwirtschaft ansetzen. Die Monokultur musste eingedämmt werden. Beim Tabak und Kaffee schien es angebracht, die

Bauer mit Ochsengespann in der Provinz Pinar del Río, 1986

Endverarbeitung nicht länger den Metropolen zu überlassen. Die extrem hohe Eigentumskonzentration im Agrarsektor, wo knapp 3 Prozent der Betriebe fast 60 Prozent des Landes kontrollierten, während sich mehr als drei Viertel der Bauern mit 15 Prozent der kultivierten Fläche zu bescheiden hatten, war aufzuheben. Auf der Agenda der neuen Regierung stand auch die Aufgabe, eine am Binnenmarkt orientierte Industrie aufzubauen.

Inzwischen war in Havanna zwar kein Chaos ausgebrochen, doch nicht wenige Habaneros hatten die günstige Gelegenheit genutzt, um alte Rechnungen unter verfeindeten Nachbarn zu begleichen. Kurz nach der Flucht des bisherigen Präsidenten Batista hatte «der Mob plündernd die Straßen durchzogen [...]. Es kam zu Zusammenstößen mit der Polizei, bei denen es mehrere Tote gab. [...] Die Menge warf in den Hauptstraßen viele Schaufensterscheiben ein und entzündete auf dem Pflaster Freudenfeuer.»[188]

Am Morgen des 2. Januar 1959 patrouillierten nicht nur Polizeieinheiten durch die Stadt, sondern auch Anhänger Fidel Castros. Zunächst schien immerhin die bisherige «Einheit gegen die Diktatur» auch nach dem Sturz Batistas Bestand zu behalten. Doch diese Erwartung trog. Die Liberalen und die Rebellen drifteten in ihren politischen Optionen immer weiter auseinander – bis zum definitiven Bruch –, während sich zwischen den Rebellen der «Bewegung 26. Juli» und den Kommunisten eine Annäherung, ja eine Liaison abzeichnete.

Das «Liebeswerben der Kommunisten»[189] hatte schon im Sommer 1958 erste Früchte getragen, als ihnen die Möglichkeit eröffnet wurde, in die Rebellenarmee einzutreten. Das Manifest der KP Kubas vom 6. Januar, das unter anderem eine Bodenreform verlangte, konnte der allgemeinen Zustimmung gewiss sein. Vorsichtig versuchten sie in den Gewerkschaften Fuß zu fassen. Mit einigem Erfolg.

Noch im Mai 1959 redete Castro einem dritten Weg zwischen Kapitalismus (*der durch Hunger tötet*) und Kommunismus (der die Freiheiten unterdrücke, *die den Menschen so teuer sind*) das Wort. Er wollte die kubanische Revolution nicht links oder rechts in ideologische Schubfächer gepresst, sondern als «Schritt vorwärts» beurteilt wissen. Er beruhigte die Zweifler, die Kuba schon ins Fahrwasser des Kommunismus geraten sahen, mit dem Hinweis, die Farbe der Revolution sei nicht Rot, sondern Olivgrün, das Olivgrün der Uniformen der Rebellenarmee.

Eine gerechtere Gesellschaft

Umverteilung von Reich zu Arm

Die revolutionäre Regierung war mit dem Vorsatz angetreten, die Lebenslage der benachteiligten Masse der Kubaner zu verbessern. Die Landarbeiter, Kleinpächter, Arbeiter und kleinen Angestellten sollten wenigstens einigermaßen menschenwürdig existieren können. Die Regierung ließ den Ankündigungen in kürzester Zeit Taten folgen; im März 1959 mit einem Mietgesetz zum Beispiel, das die Wohnkosten bis zur Hälfte reduzierte. «Die rund 1500 Verordnungen und Gesetze im ersten Jahr der Castro-Regierung leiteten eine gewaltige Umverteilung ein.» [190] Eine der tiefgreifendsten Umverteilungen seit Menschengedenken. [191]

Der Mindestlohn wurde gleich nach dem Sieg der Revolution erhöht, während die Regierung die Preise für Arzneimittel, Strom und Gas heruntersetzte. Kenner der Materie schätzen, dass in den ersten beiden Revolutionsjahren jeweils 500 Millionen Peso respektive Dollar von oben nach unten umverteilt worden sind. [192] Eine Reform der Sozialversicherung versprach den Lohnabhängigen mehr Schutz. Und schließlich sollte es auch den Schwarzen bessergehen. Am 25. März 1959 wandte sich Fidel Castro in einer Rede an die Nation, um der Rassendiskriminierung auf der Insel den Kampf anzusagen.

Diese Politik der Umverteilung ließ die Popularität der Revolutionäre zumindest bei denen wachsen, die sie mit sozialen Wohltaten bedachten; die Verlierer des kubanischen New Deal, die Unternehmer, Hauseigentümer und Kapitalbesitzer, hingegen bekamen es mit der Angst zu tun. Dass die Revolution so weit über den üblichen lateinamerikanischen Cuartelazo hinausschießen würde, hatten sie nicht erwartet. Sie gehörten zu den Ersten, die erbost von «kommunistischer Unterwanderung» redeten. Die soziale Basis der Revolution verschob sich vom Mittelstand hin zur Unterschicht. Viele Kubaner, die Privilegien, Einkommen und Besitztümer im Verteilungskampf verloren, kehrten über kurz oder lang der «roten Insel» den Rücken und machten sich

Weltkonferenz gegen den Rassismus in Durban, Südafrika.
Fidel Castro mit Thabo Mbeki, Präsident der Republik Südafrika,
und Kofi Annan, UN-Generalsekretär, 2001

auf ins gelobte Land der Privatwirtschaft, in die Vereinigten Staaten. Der Exodus der Intelligenz und des Unternehmertums begann.

Die ärmsten 40 Prozent der Bevölkerung profitierten am meisten von den Umverteilungen der ersten Stunde. Wenngleich diese Umschichtung des Reichtums der Kubaner im Weltmaßstab nicht einmalig gewesen sein mag, für lateinamerikanische Verhältnisse fiel sie sensationell aus. Zumal der Subkontinent als Ganzes die Region der Welt mit der größten Ungleichheit ist. «Mitte der achtziger Jahre erhielten die untersten 40 Prozent der Bevölkerung in der Einkommensschichtung 26 Prozent der gesamten Einkommen. In den lateinamerikanischen Staaten wird der vergleichbare Wert mit weniger als zehn Prozent angegeben.» [193] Ganz zu schweigen vom «sozialen Lohn», etwa in Form von Bildungschancen, von denen andere Jugendliche in Lateinamerika nur träumen können. «Tatsache ist, dass es keine gerechtere Gesellschaft in Amerika gibt» [194], davon ist der uruguayische Schriftsteller Eduardo Galeano überzeugt. Auch wenn die kubanische Gesellschaft nicht klassenlos ist, nicht frei von sozialen Privilegien und Rassen-diskriminierungen, so gibt es doch keine andere, «in der die sozialen Antagonismen derartig abgeschliffen sind»[195].

DIE LANDREFORM UND DIE FOLGEN

Kein Zweifel, die Agrarreform veränderte nicht nur die Eigentumsformen und die Organisation der landwirtschaftlichen Produktion, sie brachte auch einen sozialen Wandel in Gang, der das krasse Gefälle zwischen Stadt und Land wenn nicht geradezu umkehrte, so doch zumindest stark abmilderte. Durch die bis dahin enge sozialökonomische Verkettung Kubas mit den Vereinigten Staaten verquickten sich nun allerdings auf fatale Weise soziale Veränderungen mit außen- und außenhandelspolitischen Reaktionen. Die Gegner der sozialökonomischen Veränderungen setzten zudem das Regime von außen gewaltsam unter Druck.

Als am 4. März 1960 das französische Frachtschiff «La Coubre», mit Waffen für die Revolutionsregierung im Laderaum, im Hafen von Havanna in die Luft flog, lag es nahe, US-«Experten» hinter dem Anschlag zu vermuten. Fidel Castros offizielle Reaktion fiel deutlich aus: *Sie werden uns nicht in die Knie zwingen, weder durch Krieg noch durch Hungersnot.* Und auf dem ersten Parteitag der Kommunistischen Partei Kubas im Dezember 1975 resümierte der Staats- und Parteichef: *Unser Volk schlug kraftvoll jede Aggression des Imperialismus zurück.*[196]

Binnen zweier Jahre radikalisierte sich die kubanische Revolution, teils im Wechselspiel mit der Politik Washingtons, von der nationaldemokratischen über die soziale hin zur sozialistischen.

Am 6. Juli 1960 hatte Eisenhower also die restliche kubanische Zuckerquote für den US-Markt streichen lassen, mit der Folge, dass Kuba 700 000 Tonnen Zucker anderweitig unterbringen musste. Doch es blieb ja nicht bei diesem erpresserischen Versuch der Politiker in Washington, die Revolutionsregierung in die Knie zu zwingen.

«Auf jede Aggression des Imperialismus reagierte die Revolution mit einem radikaleren Mittel», so der prominente Historiker Julio Le Riverend Brusone in seiner «Kurzen Geschichte Kubas» zum Gang der dramatischen Ereignisse der Jahre 1959 bis 1961.[197]

Die fast schon drehbuchartige Abfolge von Aktionen und Reaktionen hat manche Zeitgenossen, Wissenschaftler wie Politiker, dazu verleitet, die kubanische Revolution als ein unglückseliges Produkt der amerikanischen Big-Stick-Politik und weniger als autochthon kubanisches Ereignis anzusehen. Der Übergang vom nationalen Befreiungskrieg zur sozialen Transformation im Allgemeinen und zur Verstaatlichung der kubanischen Industrie im Besonderen lag weit mehr in der inneren Logik der kubanischen Revolution begründet als in dem Schlagabtausch Kuba–USA.

Die Fidelistas hatten als Erbe der spanischen Conquista und als Hinterlassenschaft der US-Dominanz auf Kuba eine beklagenswerte Unterentwicklung übernommen, sie mussten darauf bedacht sein, aus wirtschaftlichen wie aus innenpolitischen Gründen, die Monokultur des Zuckers und die außenwirtschaftliche Abhängigkeit von den USA möglichst rasch zu überwinden. In ihrer ersten Entwicklungsstrategie aus den Jahren 1960 bis 1963 setzten sie also neben der größeren Vielfalt in der Landwirtschaft auf das forcierte Ankurbeln der industriellen Produktion.

Letzteres mit dem Ziel, binnen kurzem die teuren Importe ersetzen zu können, die an den knappen Devisen zehrten. Man fasste wagemutig, wie man aus dem Guerillakrieg noch war, exorbitante Wachstumsraten bis zu 20 Prozent ins Auge. Fürs Erste mussten sich die Revolutionäre mit 8 Prozent bescheiden, «mageren» 8 Prozent, wenn man bedenkt, wie niedrig das Ausgangsniveau für den angepeilten «take off» der Industrie gewesen war. Gründe für diese eher moderate Aktivierung der Wirtschaftskräfte gab es mehr als genug, sie sind schon benannt worden – die Emigration hatte der nunmehr «roten Insel» einen Großteil ihrer technischen und wissenschaftlichen Intelligenz entzogen; deren Abwanderung in Richtung USA verschärfte die ohnehin vorhandenen technischen Probleme.

Es fehlte also an Fachleuten, doch auch an Kapital für massive Investitionen. Das Wirtschaftsembargo der USA blockierte den Ersatzteil-Nachschub. Und schließlich musste man sich gravierende Planungsfehler eingestehen. Dass Amateurökonomen wie Che Guevara, der vom Frühjahr 1961 an als Industrieminister amtierte, nach dem Prinzip von «trial and error» verfuhren, steigerte die Defizite zwangsläufig.

Viehtreiber
in der Provinz
Camagüey

Zudem mussten sich die ungeübten Wirtschaftslenker eine importsubstituierende Industrialisierung aus dem Kopf schlagen. Sie erwies sich beim damaligen Stand der Entwicklung Kubas als teure Illusion. Im Übrigen waren die Geldgeber im Kreml nicht gewillt, ausgiebige und zeitraubende Experimente mitzufinanzieren. So verlegten sich die Revolutionäre nach 1963 auf eine neue Strategie: Sie richteten anstelle ihrer hochfliegenden Pläne zur Industrialisierung eine bescheidener dimensionierte Industrie auf den bevorzugt geförderten Agrarsektor aus, auf die Produktion von Düngemitteln, Landmaschinen und dergleichen.

Weil sie die Monokultur des Zuckers für das Hauptübel der Unterentwicklung hielten, hatten die Rebellen dieses wichtigste Agrarprodukt Kubas stiefmütterlich behandelt. Sie mussten sich erst von Experten belehren lassen, dass in einem solchen Fall ideologische Vorbehalte hinter dem ökonomischen Kalkül zurückzustehen hatten. Es galt, die komparativen Kostenvorteile, vor allem das über viele Jahre hinweg angewachsene Know-how, als Wettbewerbsvorteil auf dem Weltmarkt zu nutzen. Da in dieser Zeit des Aufbruchs ausnahmsweise Arbeitskräfte fehlten, versuchte man, «brachliegendes» Personal zu mobilisieren, vor allem Frauen und Jugendliche.

Unaufhörlich ergingen Appelle zur freiwilligen Arbeit, besonders zur freiwilligen Arbeit auf dem Land. Auf den Kubanern, zumal den Frauen, lastete ein permanenter sozialer Druck; es galt nicht nur, an Wochentagen, als Hausfrau, Arbeiterin und Mitglied von Massenorganisationen die Pflichten möglichst überzuerfüllen, sondern auch, den monatlichen «domingo rojo», den «roten Sonntag», in dem Bewusstsein zu begehen, dass es für Revolutionäre beim Aufbau des Sozialismus weder Rast noch Ruhe geben kann. Unverkennbar lassen sich bei den «Produktionsschlachten» auf den Feldern oder in den Fabriken die Parallelen zum Guerillakampf ziehen: die Militarisierung der Arbeit, ein gewisser Organisationsfetischismus und symbolträchtige Rituale.

Die Aktion für die moralischen Antriebe im Wirtschaftsleben erreichte einen Höhepunkt, als Fidel Castro am 13. März 1968 den Beginn einer «revolutionären Offensive» verkündete, welche die letzten Rudimente der kapitalistischen Gesellschaft und der verachteten bürgerlichen Moral beseitigen sollte. Nach der Nationalisierung der gesamten Industrie und der Verstaatlichung von etwa zwei Dritteln des Agrarsektors führte man nun das Dienstleistungsgewerbe in Gemeineigentum über. Dieser Akt dokumentierte die Eigenständigkeit, ja Eigenwilligkeit der Revolution, nahm man doch um ihrer Sozialmoral willen fürs Erste erhebliche Kosten in Kauf. Die Privatbauern, die in den Genuss staatlicher Kredite, Transportdienste, Maschineneinsätze und Abnahmegarantien für ihre Produkte kamen, durften überschüssige Waren auf dem freien Markt verkaufen, der sich unter der Hand zum blühenden Schwarzmarkt entwickelte. Die Gewinne und Privilegien, die auf diesem Markt zu erzielen waren, ließen die «Verteilung des Mangels», wie sie auf Kuba herrschte, in einem demoralisierenden Licht erscheinen. Die proklamierte soziale Gleichheit, Inbegriff der Revolution, drohte an den Bereicherungschancen einiger weniger zuschanden zu werden.

In kürzester Frist wurden nach Castros Rede im März 1968 mehr als 50 000 private Kleinbetriebe wie Reparaturwerkstätten, Restaurants, Bars, Eisdielen, Getränkestände, Hot-Dog-Buden, Obst-und-Gemüse-Läden, Handwerksbetriebe oder Wäschereien nationalisiert. In der Folgezeit wurden sie dann entweder geschlossen oder unter der Regie der Massenorganisationen eher schlecht als recht weiterbetrieben; ein Herd sich verschärfender sozialer Konflikte, weil eine geschäftstüchtige Minderheit die Nischen der Mangelwirtschaft für sich zu nutzen verstanden hatte, war damit beseitigt – doch die Mehrheit der Kubaner zahlte mit neuen Versorgungsschwierigkeiten dafür einen hohen Preis. Der Staat konnte und kann nicht gleichermaßen flexibel auf Konsumbedürfnisse reagieren wie Kleinbetriebe. Die unvermeidliche «cola», das ewige Schlangestehen für alles und jedes, ist eine der Folgen – ein volkswirtschaftliches Unding, wenn man bedenkt, welches ökonomische Mehrprodukt es brächte, wären die Wartezeiten auch nur halb so lang. Viele Güter des täglichen Bedarfs waren und sind im sozialistischen Kuba nur durch eine Art Lebensmittelkarte erhältlich: administrativer Ausdruck des Mangels.

Schon 1962, in der Wirtschaftskrise, war wegen der gestiegenen Massenkaufkraft, der kein annähernd ausreichendes Warenangebot entsprach, die Rationierung der meisten Konsumgüter notwendig geworden. Seitdem gab es die Lebensmittelkarte. Ein weiteres Ärgernis kam hinzu: Die Regierung ging dazu über, besonders knappe hochwertige Konsumgüter wie Radios, Fernseher oder Kühlschränke vom «Markt» zu nehmen und in den Betrieben nach Kriterien der Bedürftigkeit, Familiengröße, Arbeitsmoral und so weiter zu verteilen.

1972, als die Folgen der «revolutionären Offensive» und der missglückten großen Zuckerernte von 1970 einigermaßen behoben waren, wurde auch die Versorgung besser. Kubas Wirtschaft erlebte während der ersten Hälfte der siebziger Jahre einen Boom, mit Wachstumsraten, die denen des «brasilianischen Wunders» glichen. Die Läden füllten sich langsam mit Produkten, die nicht nur auf Anrechtsschein zu haben waren. Vollständig wurde die Rationierung bei Zigaretten, Benzin oder Schuhen und teilweise für Fleisch, Fisch, Geflügel, Gemüse, Getränke und Wäsche aufgehoben.

Ende der achtziger Jahre hatte ein Erwachsener jeden Monat Anspruch auf 5 Pfund Reis, 1 Pfund Bohnen, einen halben Liter Speiseöl, 1 Pfund Fett, 4 Pfund Zucker, 3 Dosen Kondensmilch, 100 Gramm Kaffee, 1 bis 2 Stücke Seife, 200 Gramm Waschmittel, 4 Schachteln Zigaretten, knapp 3 Pfund Rindfleisch, 3 Pfund Nudeln, alle neun Tage ein Huhn und verschiedene Gemüsesorten.

Darüber hinaus gab es von Anfang an Sonderzuteilungen für bestimmte Gruppen, so erhielten etwa Kinder unter sieben Jahren und alte Menschen einen Liter Milch pro Tag. Waren, die aus der Rationierung herausgenommen und dem freien Verkauf überlassen wurden, waren allerdings nur zu hohen bis astronomischen Preisen zu erwerben. Da die Kubaner für Wohnung, Essen, Ausbildung und medizinische Versorgung nur einen geringen Teil ihres Einkommens auszugeben brauchten, für Miete im Durchschnitt etwa 6 Prozent, blieb ihnen eine Menge Geld, der kein adäquates Warenangebot gegenüberstand. Und um so viel wie möglich von dieser überschüssigen Kaufkraft abzuschöpfen, setzte die Regierung diverse Preise drastisch herauf.

HELDEN UND «VERRÄTER»

Das Besondere an der kubanischen Revolution, das sie zum Faszinosum für die Linke in Europa und in den USA hat werden lassen, lag in der «Doppelbesetzung» an ihrer Spitze (Raúl Castro gar nicht einbezogen). Es gab nicht nur einen charismatischen Comandante, sondern zwei und zunächst sogar drei. Der dritte und wohl auch der beliebteste war Camilo Cienfuegos: Che Guevaras «Zwillingsbruder im Geiste» hatte nur einige Monate den Sieg der Revolution auskosten können. Am 28. Oktober 1959 startete er in der Provinzhauptstadt Camagüey mit einem «leichten» Flugzeug, wie es später hieß, zu einem Flug nach Havanna. Am Steuer ein ungeübter Pilot, der möglicherweise bei dem Unwetter, das hereinbrach, die Kontrolle über die Maschine verlor und sie ins Meer stürzen ließ. Fidel Castro, sein Bruder Raúl, eine Gruppe von Fallschirmspringern und Krankenschwestern überflogen mit der Präsidentenmaschine C 47 das betreffende Gebiet in der Hoffnung, Hinweise auf das Geschehen zu entdecken; an Land wurde das Terrain Quadratkilometer für Quadratkilometer abgesucht, ähnlich auf See. Sogar US-Botschafter Philip Bonsal – er hatte den Kommunistenfresser und Batista-Freund Earl E. T. Smith abgelöst – bot Unterstützung durch die US-Marine an. «In unserem Bestreben, Camilo zu finden, haben wir das Menschenmögliche und das Unmögliche getan», beteuerte später der Castro-hörige Antonio Nuñez Jiménez, Chef des mächtigen INRA (Nationalinstitut für die Agrarreform).[198] Die aufwendige Suchaktion blieb vergeblich, es fand sich nicht die geringste Spur von Camilo Cienfuegos und nicht der geringste Hinweis, ob er Opfer technischer Mängel, menschlichen Versagens, eines Treibstoffmangels, extrem schlechter Wetterbedingungen oder eines Mordkomplotts geworden war.

Nach zweiwöchiger Trauer um den Siebenundzwanzigjährigen hielt Castro am 12. November 1959 eine Fernsehrede über dieses Drama – Fazit: *Wir gingen davon aus, daß es ein Unfall war.*[199] Eine andere Version unterstellt, «dass Raúl oder Castro selbst die Hand im Spiel gehabt hätten, da Camilo zu viel Verständnis für Matos gezeigt habe und seine Popularität der von Fidel Castro zeitweise fast ebenbürtig war»[200].

Húber Matos war ein Autodidakt des Kriegshandwerks, der in der Rebellenarmee zum Comandante aufgestiegen und nach dem Sturz Batistas zum Gouverneur und Militärkommandanten der Zentralprovinz Camagüey ernannt worden war. Er machte mit einem Protest gegen die «Sowjetisierung» Kubas von sich reden und monierte dabei vor allem den immer größeren Einfluss der Kommunisten in der Armee. Als Raúl Castro dann auch noch Minister der Streitkräfte geworden war, fühlte sich Húber Matos um den Gewinn aus dem Befreiungskrieg – Freiheit, Unabhängigkeit, Würde – betrogen.

«Der zweite Comandante verschwand mit dem Flugzeug, das ihn in die Hauptstadt zurückbringen sollte, nachdem er den dritten Comandante gefangengesetzt hatte. Der Comandante en jefe machte sich im Präsidentenflugzeug auf die Suche nach ihm. Doch das Flugzeug drehte nur eine flüchtige Runde, und der Comandante en jefe besuchte dann einen beschlagnahmten Gutshof, um sich die Kühe und Stiere anzusehen.»
Guillermo Cabrera Infante, Ansicht der Tropen im Morgengrauen

In einem pathetischen Brief an Castro erklärte er seinen Rücktritt von beiden Ämtern, unter anderem mit dem Vorwurf: «Jetzt, Fidel, zerstörst du deine eigene Arbeit. Du trägst die Revolution zu Grabe. Vielleicht aber bleibt noch Zeit […].»[201] Zeit zur Umkehr, Zeit und Gelegenheit, über die Repräsentanz der verschiedenen Kräfte (wie der Kommunisten in der Regierung und in der Verwaltung) neu zu befinden.

Castro antwortete sofort, nicht mit Argumenten, sondern mit einem Schwall von Invektiven, als habe er es mit einem Subalternen zu tun: *Als ich deinen Brief las, erkannte ich, dass du unfähig warst, die Nachsicht und Großzügigkeit zu würdigen, mit der ich dich behandelt habe.* Raúl Castro hätte Matos am liebsten gleich erschießen lassen, Bruder Fidel ließ «Milde» walten: Wegen «konterrevolutionärer» Aktivitäten wurde Matos zu zwanzig Jahren Gefängnis verurteilt, die er dann auch bis auf den letzten Tag abzusitzen hatte. Ein Beispiel für den grausamen Umgang mit ehemaligen Vertrauten, die sich nach Castros Urteil zu «Verrätern» wandelten. So auch der Schriftsteller Norberto Fuentes, der Castro besonders nahestand, bevor er in Ungnade fiel. Er durfte Kuba nicht verlassen und wurde unter Hausarrest und Schreibverbot gestellt, bis er mit einem Hungerstreik erreichte, dass sein Kollege Gabriel García Márquez von Fidel Castro die Freilassung des Verfemten erbitten und erlangen konnte.

CHES ABSCHIED

Es hätte an ein Wunder gegrenzt, wäre das Verhältnis zwischen den beiden Matadoren lange ungetrübt geblieben. Fidel Castro, der einst wegen seines jugendlichen Alters noch gar nicht für bestimmte Ämter wählbar war, wuchs immer mehr in die Rolle des Staatsmanns hinein, während Che Guevara politischer Freidenker blieb, sich offen auch über heikle Themen äußerte und dabei wenig auf die Staatsräson gab. Als es nach gewonnenem Befreiungskrieg darum ging, die «Mühen der Ebene» zu bestehen, Kuba zu regieren und die Gesellschaft zu verändern, taten sich die Gegensätze und Aversionen zwischen den beiden Kommandanten auf. Abgesehen von ihrer verschiedenen Herkunft, Erziehung, Ausbildung und ihren besonderen Talenten – der eine als Schriftsteller, der andere als Redner –, machten sich jetzt auch die verschiedenen Temperamente bemerkbar. Nach außen bekundete man grenzenlose Bewunderung füreinander, während man untergründig konkurrierte. «Es gab keinerlei Zweifel an Ches völliger Loyalität gegenüber Fidel. Aber es war in hohen Regierungs- und Parteikreisen auch bekannt, dass Che als einziger Angehöriger der politischen Elite in internen Diskussionen es wagte, Fidel herauszufordern, wenn er seine Ansichten nicht teilte.»[202] Ein Sakrileg, denn Fidel Castro vertrug in der Regel weder Kritik noch Widerspruch.

An der Hilfe der Sowjetunion schieden sich die Geister. Während Che Guevara anfangs stärkster Befürworter der Bindung an das «sozialistische Lager» war, hielt sich Fidel Castro zunächst bedeckt, um dann wegen der akuten wirtschaftlichen Nöte auf einen moderaten Kurs umzuschwenken. Nun wurde Che Guevara immer skeptischer und zusehends radikaler. Er verlor den Glauben an das sowjetische System, speziell in der Wirtschaft, nahm Anstoß an der Schlamperei, Vergeudung und Bürokratie.[203] Es dauerte nicht einmal fünf Jahre, bis seine Affinität zu China diejenige zum «sozialistischen Lager» so deutlich überwog, dass ihn seine Gegner in Havanna auch «el chino», den Chinesen, nannten oder «Chinas Mann in Havanna». Bei einem Wirtschaftsseminar der Afroasiatischen Solidaritätskonferenz in Algier las er der Sowjetunion am 25. Februar 1965 derart die Leviten, dass er zur Persona non grata wurde. Seiner Ansicht nach hatten die sozialistischen Länder die moralische Pflicht, ihre stillschweigende Komplizenschaft mit den westlichen Ausbeutungsländern zu beenden. Das war auch dem sonst durchaus nicht peniblen Fidel Castro zu viel.

Ein puertoricanisches Sprichwort sagt: Für zwei männliche Krebse ist nicht genug Platz in einer Höhle. Einer von beiden muss weichen. Und es war keine Frage, dass dies Che Guevara zu sein hatte. Als dieser nicht mehr in der Öffentlichkeit auftauchte, schossen die Gerüchte ins Kraut. Unter anderem hieß es, die Sowjets hätten ihn nach Sibirien verschleppt. Tatsächlich war Che Guevara von Castro strafversetzt worden, gewissermaßen aus der politischen Etappe an die Front, und die hieß Afrika. Er reihte sich in die Rebellenbewegung im Kongo, im «ewigen Herzen der Finsternis», ein. Jedoch nur, um nach einigen Monaten deprimierender Erfahrungen als «Held der Niederlage» aus dem lähmenden, stickig-tropischen Ambiente wieder zu entschwinden.

> «Ich habe großartige Tage verlebt, und ich fühle – an Deiner Seite – den Stolz, gerade in den großen, wenn auch traurigen Tagen der Krise zu diesem Volk zu gehören. Selten ist ein Staatsmann größer gewesen als Du in jener Zeit. Ich bin auch stolz, dass ich Dir ohne Zögern gefolgt bin, dass ich mich mit Deinem Denken und Deiner Art, Gedanken und Prinzipien zu sehen und zu bewerten, identifiziert habe. Andere Völker der Welt verlangen nach meinen bescheidenen Bemühungen. Ich kann das tun, was Dir verwehrt ist, weil Du als Führer der Revolution in Kuba Verantwortung trägst.»
>
> Aus Che Guevaras Abschiedsbrief

Als nächster Schauplatz einer inszenierten Revolution kam Bolivien an die Reihe. Nachdem die kubanische Regierung und die Kommunistische Partei Kubas ihren Segen dazu gegeben hatten, waren dann auch einige hochrangige Kubaner mit von der Partie, Mitglieder des Zentralkomitees der Kommunistischen Partei und

Comandantes. Vermutlich hatte Che Guevara vielfältige Zusagen, im Ernstfall auf Hilfe rechnen zu können. Doch in dem knappen Jahr, das er im öden Südosten Boliviens mit seiner Truppe von maximal fünfzig Kämpfern zubrachte, wurden die Plagen täglich schlimmer, ohne dass Havanna auf Hilferufe reagierte. Che Guevaras fast schon flehentliche Bitten um Unterstützung verhallten folgenlos. Castro nahm möglicherweise Rücksicht auf die Sowjetregierung, die sich nicht durch einen Kleinkrieg in irgendeiner Region ihr Konzept der «friedlichen Koexistenz» verpfuschen lassen wollte und die bewaffnete Aktionen als Abenteurertum verwarf.

Die Wege von Castro und Che Guevara trennten sich. Der genaue Verlauf ihres angeblich vierzig Stunden dauernden Trennungsgespräches wird wohl nie zu erfahren sein. Während Fidel Castro zum Staatsmann arrivierte, wurde Che Guevara aller Posten enthoben und schließlich zu einer Elendsgestalt, gejagt und geschunden bis zu seinem Tod in einer Umgebung, die kaum erbärmlicher hätte sein können. Währenddessen wollen Gerüchte nicht verstummen, wonach Fidel Castro Bolivien als Schauplatz eines Guerillakriegs für Che Guevara «erfunden» hatte, um ihm einen heroischen Abgang zu verschaffen und sich selbst des potenziellen Konkurrenten zu entledigen.

Das Verschwinden Guevaras beunruhigte die Kubaner. Die Fragen nach ihm wurden immer lauter, bis Fidel Castro nicht umhinkam, beim Gründungsparteitag der Kommunistischen Partei Kubas die Bevölkerung darüber aufzuklären, dass der einstige Compañero auf seine kubanische Staatsangehörigkeit, seinen Rang als Comandante, seine Positionen in der Kommunistischen Partei und auf das Amt des Industrieministers verzichtet und Kuba verlassen habe. Am 3. Oktober 1965 verlas Castro den Abschiedsbrief, den Che Guevara ihm schon im Frühjahr hinterlassen hatte: «Ich fühle, dass ich einen Teil meiner Pflicht erfüllt habe, der mich an die kubanische Revolution und ihr Land band. Und so sage ich Dir, den Genossen und Freunden, Deinem Volk, das stets das meine sein wird, Euch allen Lebewohl!»

Der Brief enthielt eine solche Huldigung, dass der Eindruck entstehen konnte, Castro hätte ihn selbst geschrieben – es habe selten einen größeren Staatsmann gegeben als ihn, Castro, in die-

Der Gefangene
Che Guevara mit
dem CIA-Agenten
Félix Rodríguez,
Oktober 1967

sen Tagen, und er, Guevara, sei stolz, ihm «ohne Zögern gefolgt»
zu sein. Er habe sich ganz mit Castros Art zu denken identifiziert.
Dem widersprach ein an anderer Stelle gesundes Selbstbewusstsein nicht: «Andere Völker der Welt verlangen nach meinen be-
scheidenen Bemühungen. Ich kann das tun, was Dir verwehrt ist,
weil Du als Führer der Revolution in Kuba Verantwortung trägst.
So ist denn die Zeit gekommen, da wir uns trennen müssen.» [204]

DIE «GROSSE ZUCKERERNTE» 1970

Der Comandante en Jefe hatte eine Idee. Er wollte 1970 ein Re-
korderbenis bei der Zuckerrohrernte erzielen lassen, indem er
Kubanerinnen und Kubaner auch aus anderen Branchen, aus den
Hörsälen, Fabriken, Büros und Wohnungen hinzuzog. Ein Arbeiter namens Máximo merkte dazu kritisch an: «Das Problem an
dem Ziel von 10 Millionen Tonnen Zucker war, daß die ganzen
Arbeitskräfte ins Zuckerrohr verlegt wurden» [205] – und dadurch
wochenlang an ihren eigentlichen Arbeitsplätzen fehlten.

10 Millionen Tonnen Zucker, das war eine Menge, die der
gesamtwirtschaftlichen Entwicklung einen Schub geben konnte. Man fiel von einem Extrem, der sträflichen Vernachlässigung
des Zuckers, ins andere, die Hypertrophie. Kaum dass die über-

dimensionierte Erntekampagne begonnen hatte, dominierte in den täglichen Kommentaren und Aufrufen ihr symbolischer Wert eindeutig das wirtschaftliche Kalkül. Eine Bewährungsprobe besonderer Art schien bevorzustehen, bei der es nach Castros Vorstellungen um *die Ehre, das Prestige, die Sicherheit und das Selbstvertrauen des Landes* ging.[206] Jedes Pfund Zucker, welches das Soll von 10 Millionen Tonnen über- oder unterschritt, sollte darüber entscheiden, ob der Test mit einem «Triumph des Bewußtseins» oder einer «moralischen Niederlage» enden werde.

Es ist viel darüber gerätselt worden, weshalb die kubanische Regierung die Kampagne derart überspitzte. Fidel Castro selbst befreite die «Kubanologen» von ihrer Ratlosigkeit, indem er sich und die Partei später des Idealismus bezichtigte, worunter er die Absicht verstand, *Reichtum durch Bewußtsein zu erzeugen*, ohne Rücksicht auf die materiellen Voraussetzungen und die gesellschaftlichen Kosten. Die Investitionen in dieses Rekordunternehmen sollten sich in der Tat als zu gering erweisen und die Kosten, etwa die Einbußen in anderen Wirtschaftszweigen wie dem Bausektor oder der Nahrungsmittelindustrie, als zu hoch.

Die Ernte 1970 begann am 17. Juli 1969 und dauerte mit kurzen Unterbrechungen bis zum Jahrestag des Sturms auf die Moncada-Kaserne in Santiago de Cuba, dem 26. Juli 1970. Das waren insgesamt 334 Tage im Unterschied zur durchschnittlichen Erntezeit von 225 Tagen in den vorangegangenen vier Jahren und von 100 Tagen während der vorrevolutionären Zeit.

Obwohl sich die 350 000 professionellen Macheteros mitsamt den 100 000 Soldaten und 1,2 Millionen Arbeiterinnen und Arbeitern abgerackert und sogar auf Feiertage und Feierabende verzichtet hatten, wurde das Traumziel von 10 Millionen Tonnen nicht erreicht. Das endgültige Ergebnis der Zafra, der Zuckerernte, von gut 8,5 Millionen Tonnen wirkte zweischneidig, als Sieg und Niederlage zugleich in der großen «Produktionsschlacht» gegen die Unterentwicklung. Denn immerhin fiel es fast doppelt so hoch aus wie die Vorjahresproduktion und übertraf noch die legendäre Ernte von 1952 um mehr als eine Million Tonnen. Doch dem stand die extreme Vorgeschichte der Ernte gegenüber, die das Ergebnis in einem unglücklichen Licht erscheinen ließ. Die «Schlacht der zehn Millionen» hatte mit einem Pyrrhussieg geendet.[207]

Fidel als Machetero, während der «Gran Zafra», der großen Zuckerernte, im Gespräch mit Landarbeitern, 1970

Wäre der angestrebte Rekord nicht zuvor so hochgeschraubt
und zum Gradmesser der politischen Reife stilisiert worden, hätte das Verfehlen dieser recht willkürlich angesetzten Marke die
kubanische Gesellschaft kaum erschüttert. So aber demoralisier-
te die Niederlage die Kubaner zutiefst. Als sie gewahr wurden,
dass ihre Mühen «vergeblich» gewesen waren, sahen sie keinen
Sinn mehr darin, sich weiterhin zu schinden. Sie blieben in Massen der Arbeit fern. Die Abwesenheitsrate stieg im August 1970
auf 20 Prozent. Erst ein Arbeitsgesetz, am 17. März 1971 erlassen,
sorgte dafür, dass die Arbeitsmoral wieder stieg – natürlich durch
die Androhung von Zwangsmaßnahmen.[208] Der politische Elan
wiederum, der merklich erlahmt war, ließ sich mit Pressionen allein nicht wiederbeleben.

DIE INSTITUTIONALISIERUNG
DER REVOLUTION

Was sich angesichts der Zafra von 1970 beispielhaft zeigt, ist die
Hybris von Alleinherrschern, wie Fidel Castro es nun seit vielen
Jahren schon war. Niemand kam darauf, dem Máximo Líder in den

Arm zu fallen, als er sein gigantomanisches Projekt ankündigte. Und man darf wohl davon ausgehen, dass keiner seiner «Haus»-Ökonomen ihn auf die immensen Kosten aufmerksam gemacht hatte, die entstanden, wenn Amateur-Macheteros aus allen Teilen des Landes zu den Zuckerrohrfeldern hintransportiert, an Ort und Stelle verköstigt, untergebracht und am Ende wieder heimgebracht werden mussten. Ein horrender Aufwand und umso fragwürdiger, als die meisten der Erntehelfer das Handwerk eines Macheteros gar nicht beherrschten.

Um ein Maximum an Saccharose zu gewinnen, die im unteren Drittel des Schafts konzentriert ist, muss das Zuckerrohr mit einem einzigen Hieb so tief wie möglich geschnitten werden. Und da das Rohr dort, wo es optimalerweise geschnitten wird, besonders hart ist, treibt jeder Hieb dem Machetero den Schweiß aus allen Poren. Dazu die sengende Sonne, Staub, Rauch und Stechmücken ohne Ende, gegen die man sich mit langärmeligen Hemden zu schützen pflegt, was dann noch schweißtreibender wirkt: Die Arbeit auf den Zuckerrohrfeldern ist ein Martyrium.

Nachdem Castro der «große Sprung nach vorn» also misslungen war, schien es an der Zeit zu sein, ein Korrektiv zu schaffen, das solchen kostspieligen, auf «einsamen Beschlüssen» beruhenden Experimenten vorbeugen konnte. Voluntarismus und Spontaneität waren nicht gerade die Eigenschaften, die den Herren im Kreml besonders gefielen. Ihre Devise hieß eher: «Keine Experimente!» Sie mahnten unablässig eine größere Effizienz der kubanischen Ökonomie an, doch die war nicht zu haben, solange die meisten Kubaner von der Mitwirkung am Arbeitsprozess ausgeschlossen blieben.

Die bestehenden Massenorganisationen wie die Frauenföderation (FMC, 2 Millionen Mitglieder) und die Komitees zur Verteidigung der Revolution (CDR, 5 Millionen Mitglieder, also etwa die Hälfte der Bevölkerung) sollten von nun an den Kubanerinnen und Kubanern größere Chancen bieten, über den Gang der Ereignisse mitzubestimmen. Die «Arme und Beine» der Partei, wie der Parteiobere Jorge Risquet die Massenorganisationen 1963 bezeichnet hatte, erhielten mehr politische und soziale Kompetenzen. Fidel Castro erkannte wohl, dass der Mangel an Mitsprache in den Betrieben diese oft ins Leere laufen ließ und wirtschaftliche

Misserfolge geradezu heraufbeschwor. Um die Kluft zwischen Regierung und Basis zu überbrücken, wollte er eine «große Schule des Regierens» von unten her entstehen lassen. Dazu gehörten die Gewerkschaften der verschiedenen Wirtschaftszweige.

Der 13. Kongress des Dachverbands der kubanischen Gewerkschaften (CTC) im November 1973 bot eine Gelegenheit, die Gewerkschaften, die in den vergangenen Jahren von der Bildfläche verschwunden waren, zu reanimieren. Zwei Mal, am Anfang seiner Rede und gegen Ende, erwies Castro den Arbeitern seinen Respekt, indem er ihnen gewissermaßen einen gesellschaftlichen Auftrag erteilte, der über ihre eigentliche Tätigkeit hinausging: *Fundamentale Entscheidungen, die sich auf das Leben unseres Volkes auswirken, müssen mit dem Volk diskutiert werden – und: vor allem mit den Arbeitern.*[209]

Doch die Arbeitnehmerorganisationen blieben in der für den «realen Sozialismus» so typisch zwiespältigen Funktion befangen, sowohl Widerpart der Arbeiter gegen die Betriebsleitung als auch «verlängerter Arm» der Partei und Regierung gegenüber den Arbeitern zu sein. Ein Dilemma, das die Gewerkschaften bislang daran gehindert hat, als wirkliches Korrektiv im Arbeits- und Wirtschaftsleben dienen zu können. Nach der herrschenden Lehre sind ja die Arbeiter – nach Aufhebung des Gegensatzes zwischen Kapital und Arbeit – selbst Herr über die Produktionsmittel und das wirtschaftliche Geschehen. Sie gerieten also, theoretisch, zu sich selbst in Widerspruch, würden sie für soziale Rechte streiten oder gar streiken! Bezeichnenderweise war zum Beispiel auf dem 16. Kongress der CTC, der vom 24. bis 28. Januar 1990 in Havanna tagte, viel von Effizienz, Kostenreduktion und Arbeitsdisziplin die Rede, aber nicht von den Rechten der Arbeiter. Fidel Castro hatte dafür eine einfache Erklärung parat. Es werde nicht über Arbeitsrechte diskutiert, beschied er erstaunten Gästen, denn die garantiere ja die Partei.

Die Wirklichkeit sieht schon deshalb etwas anders aus, weil sich die Verstaatlichung vollzogen hat, ohne dass die Kontrolle über Produktion und Verteilung direkt an die Arbeiter übergegangen wäre. Nach dem Misserfolg ihres bisherigen ökonomischen Modells vollzogen die nun schon etwas gesetzteren Revolutionäre einen Schwenk zur Wirtschaftsreform à la UdSSR – was mit einer

Abkehr vom Überschwang des Egalitarismus gleichbedeutend war. Fortan sollte es nicht mehr heißen: «Jeder nach seinen Fähigkeiten, jedem nach seinen Bedürfnissen.» Nunmehr galt das Leistungsprinzip: «Jeder nach seinen Fähigkeiten, jedem nach seiner Leistung.» Wer mehr und besser arbeitete, sollte auch mehr verdienen. Die materiellen Anreize traten wieder in den Vordergrund. Die Löhne wurden an die jeweilige Norm gekoppelt.

Der 1. Parteitag der Kommunistischen Partei Kubas (1975) beschloss, das in der Sowjetunion und in anderen sozialistischen Ländern praktizierte ökonomische System der «wirtschaftlichen Rechnungsführung» zu übernehmen.[210] Damit erhielten die Betriebe als eigene juristische Personen im Rahmen des Plans mehr Autonomie; sie konnten nun selbst über die Investitionen, den Arbeits- und Materialeinsatz, die Gewinne und so weiter entscheiden.

Doch auch das neue System krankte an übermäßiger Zentralisierung und Bürokratisierung wirtschaftlicher Entscheidungsprozesse. Ein Umstand, der die Rentabilität der Betriebe beeinträchtigte, die Produktionskosten steigen ließ und gewiss mit dazu beitrug, die Arbeitsmoral zu dämpfen. Denn was nützte es, dass die Arbeiter über Pläne und Betriebsabläufe diskutieren und Vorschläge unterbreiten durften, wenn der Betriebsleiter kraft seiner «höchsten Autorität» am Ende das Gegenteilige anordnete? Um den bürokratischen Konkurrenzkämpfen um Geld, Arbeitskräfte und Ressourcen einen Riegel vorzuschieben, setzte sich Fidel Castro 1984 als Kopf einer neugegründeten «Grupo Central» selbst an die Spitze der Planungspyramide, wurde diese «Superbehörde» doch auch der bisherigen obersten Instanz JUCEPLAN übergeordnet. Zentralisierung in Potenz also.[211]

Nach dem Zerfall der Anti-Batista-Allianz hatten sich die politischen Gewichte zur «Bewegung 26. Juli» hin verschoben, doch die war ideologisch zu sehr in sich zerfallen, um das vorhandene Machtvakuum zu füllen. Es zeigte sich in dieser Umbruchphase, «dass Castro keineswegs der unumstrittene oder gar der einzige Anführer der kubanischen Revolution war. Er plante allerdings von Anfang an Schritt für Schritt die allmähliche Kontrolle und seine endgültige Machtübernahme.»[212] Um das neue Kuba zu schaffen, war ein politischer Apparat vonnöten gewesen, der nicht zuletzt die Sowjetunion vom authentischen sozialistischen Charakter der kubanischen Revolution überzeugen konnte. Im Juli 1961 schloss sich die «Bewegung 26. Juli» mit dem Revolutionären Direktorat und der alten Kommunistischen Partei (PSP) zu den Integrierten Revolutionären Organisationen (ORI) zusammen, 1963 in Partido Unido de la Revolución Socialista (PURS) – Vereinigte Partei der Sozialistischen Revolution – umbenannt. Und aus dieser entstand dann 1965 die Kommunistische Partei (PC), jedoch nicht ohne vorherige heftige Grabenkämpfe um Macht und Einfluss in der sozialistischen Einheitspartei.

Binnen kurzem hatten die Altkommunisten, von Anibal Escalante, dem früheren Exekutivsekretär der PSP, lanciert, die wichtigsten Positionen in der Vorläuferpartei eingenommen. Obwohl sie erst im Herbst 1958 in letzter Minute auf den Zug der Revolution aufgesprungen waren, hatten sie nun bald das Sagen. Die Veteranen der «Bewegung 26. Juli» und des Studentendirektorats mussten wegen ihres «niedrigen politischen Niveaus» in großer Zahl ihre Posten in der Regierung und in den Massenorganisationen räumen.

Mit heftigen Attacken gegen den «Despotismus» der ORI hatte Fidel Castro im März 1962 deren Reorganisation und die Entmachtung Escalantes eingeleitet, den er des Sektierertums bezichtigte. Nachdem der Machtkampf zwischen Altkommunisten und

Plakat mit Fidel – «Die Partei wird stärker», 1975

Castristen zugunsten Letzterer entschieden worden war, prägte der einstige Rebellenkommandant der Partei seine Handschrift auf. Sie entwickelte sich, mitunter zum Ärger der Kreml-Herren, nicht stromlinienförmig nach sowjetischem Muster. Und sie changierte ideologisch zeitweilig zwischen Positionen, die nicht immer ganz mit dem marxistisch-leninistischen Katechismus in Einklang standen. Die Partei war während der sechziger und beginnenden siebziger Jahre zu klein, unterentwickelt und schwach, um dem Bild von der Vorhut der Arbeiterklasse zu entsprechen. Die führende Rolle spielte nicht sie, sondern Fidel Castro, der auch die Mitglieder des Zentralkomitees ernannte. Erst 1975, sechzehn Jahre nach dem Sturz Batistas und zehn Jahre nach ihrer Gründung, hatte sich die Kommunistische Partei Kubas, nicht zuletzt durch einen starken Zuwachs an Mitgliedern, so weit konsolidiert, dass man zum ersten Parteitag schreiten konnte.

Nachdem Fidel Castro also bereits in der zweiten Jahreshälfte 1970 verschiedentlich dafür plädiert hatte, die Strukturen der Verwaltung gründlich zu verändern und die politischen Entscheidungsprozesse sowohl zu dezentralisieren als auch zu demokratisieren, wurden vom Sommer 1974 an Volksmacht-Organe gebildet, sogenannte Poderes Populares, räteähnliche Organe, die über den lokalen Produktions- und Dienstleistungsbereich entscheiden sollten.[213] Diese als «Staatsapparat» apostrophierten Institutionen, die bis zum ersten Parteitag der PCC im Dezember 1975 auf experimenteller Basis arbeiteten und auch erst gegen Ende des Jahres überall installiert waren, sollten den Immobilismus und die bürokratischen Defekte der Verwaltung ausgleichen helfen. Ferner waren sie als moderierendes Element zwischen Zentralismus und Dezentralisation im Planungs- und Produktionsprozess gedacht.

Die Schaffung einer Volksmacht, die an die ursprüngliche Idee der «Sowjets», der Räte, erinnerte, bestach durch ihre Nähe zum Ideal der «Graswurzel»-Demokratie. Anders als die repräsentative Demokratie eröffnet die Poder Popular ihrer Idee nach direkte Kanäle für Wünsche und Beschwerden des Wahlvolks. Die Delegierten der Volksmacht, die sich von der Munizipal- über die Provinzialebene bis zur Nationalversammlung aufbaut, werden in allgemeinen Wahlen von der Bevölkerung bestimmt. Bewohner der jeweiligen Wahlbezirke wirken schon an der Aufstellung der Kandidaten direkt mit. Das Wort vom Volk als dem Souverän, allzu oft eine Leerformel, scheint hier durch zwei rätedemokratische Elemente einen Sinn zu bekommen. Die Delegierten müssen regelmäßig über ihr Tun und Lassen vor ihren Wählern Rechenschaft ablegen. Sie können von diesen gerügt, abgewählt und nach Hause geschickt werden, wenn ihre Arbeit nicht zur Zufriedenheit des Wahlvolks ausfällt.

Vieles lässt sich jedoch auch gegen die Poder Popular vorbringen, etwa der hierarchische Aufbau der Verwaltung, der den lokalen Poder-Popular-Organen wenig Kompetenzen lässt. Ähnlich bei den Volksmacht-Organen auf der Ebene der Provinz. Nominell sind die Munizipalräte für alles Mögliche zuständig: Erziehungswesen, Gesundheitssystem, Sport, Kultur, Restaurants, Reparaturbetriebe, öffentlichen Personennahverkehr und vieles andere. Faktisch aber hatten sie von Anfang an nur wenig zu sagen. Das letzte Wort behalten doch die zentralstaatlichen Instanzen mit ihrem schwerfälligen bürokratischen Apparat.[214]

Einen neuralgischen Punkt bedeuteten für Castro die schon während des Befreiungskriegs avisierten Wahlen. Immer wieder war er gemahnt worden, Wahlen zu einer Nationalversammlung abzuhalten und neben der Kommunistischen Partei auch andere zuzulassen. Er versprach beides – jedoch nicht lange über den Tag hinaus, an dem er unangefochten im Besitz der Macht war. In seiner Rede zum 1. Mai 1961 verkündete er, dass es Wahlen nach Art der USA nicht mehr geben werde. Warum solche Wahlen wie in den Vereinigten Staaten, so seine rhetorische Frage, wenn der Präsident im Endeffekt dann doch von gerade einmal einem Viertel des gesamten Wahlvolks ins Weiße Haus geschickt werde.

Die kubanische Revolution, die den Willen des Volkes repräsentiere, brauche keine formalen Wahlen alle paar Jahre, entgegnete Castro seinen Kritikern. Für die Kubanerinnen und Kubaner war demnach jeder Tag Wahltag, das ganze Jahr über. Und alle machen mit. Die mit einer aufdringlichen Regelmäßigkeit erreichte Wahlbeteiligung von über 95 Prozent und die Wahlergebnisse von um die 99 Prozent lenken den Blick auf die Komitees zur Verteidigung der Revolution (CDR), die mit mehr oder weniger dezenten Methoden zum Urnengang antreiben und bei der Wahl behilflich sind.

Mit verächtlichem Unterton nennt Castro den Pluralismus der Parteien, wie er in den meisten westlichen Demokratien besteht, eine «Pluriporquería», ein «Mehrschweinereiensystem». Diese harsche Absage an die repräsentative Demokratie trug Castro sehr viel Kritik ein. Desgleichen der Starrsinn, mit dem er das selbstgewählte politische System als das demokratischste der Welt anpries.

Er vergaß zu erwähnen, dass die Volksmacht-Organe, die Poderes Populares, lediglich beratende und ausführende Funktion bekamen. Die hohe Politik machte immer noch ein Kubaner einzig und allein: Fidel Castro!

NEUE ABHÄNGIGKEIT

Die «Operation Carlota», benannt nach einer Sklavin, die um die Mitte des 19. Jahrhunderts in der kubanischen Provinz Matanzas bei einer Rebellion gegen die spanischen Herren ihr Leben gelassen hatte, war eines der bestgehüteten Geheimnisse auf Kuba. Nachdem am 23. Oktober 1975 südafrikanische Truppen in Angola eingefallen waren, hatte die MPLA-Regierung Kuba um Hilfe gebeten. Die wurde von Havanna rasch gewährt. Schon Anfang November trafen die ersten Truppen zur Verteidigung der Hauptstadt in Luanda ein, ohne dass der Kreml davon unterrichtet worden wäre.

Kuba ist ein kleines Land mit der Außenpolitik eines großen. Kein anderes Entwicklungsland unterhält mehr diplomatische Missionen, Geheimdienstler, Militärberater und Truppen im Ausland als Kuba, nicht einmal die Ölstaaten, die sich einen solchen Aufwand leisten könnten. Zugleich gewährt es anderen Entwicklungsländern in erstaunlich großem Stil Hilfen. 1989 waren 20 000 kubanische Ingenieure, Bauarbeiter, Ärzte, Krankenschwestern, Lehrer und andere in 37 zumeist afrikanischen Ländern als Entwicklungshelfer tätig.

Diese humanitäre Hilfe hat Kubas Rolle in der Dritten Welt gestärkt. Und sie hat das Land um einige Grade unabhängiger werden lassen von der Sowjetunion. Es ist gewiss wahr, dass Kuba nach 1959 eine alte Abhängigkeit gegen eine neue eingetauscht hatte. Nur war diese neue keine strukturelle mehr, keine, die tief hineinwirkte in den Alltag wie der American Way of Life.

Zwar ist es nicht gelungen, Washington zur Aufhebung der US-Blockade zu bewegen, doch immerhin hatte sich die «Organisation Amerikanischer Staaten» (OAS) schon im Sommer 1975 so weit aus der Subalternität gegenüber den USA befreit, dass es den Mitgliedern fortan selbst anheimgestellt war, die politische Sperre und die Handelssanktionen aufzuheben.

Fidel Castro hat die tiefgreifenden Ereignisse in Osteuropa und in der Sowjetunion, die «Revolutionäre Erneuerung» in den bisherigen «sozialistischen Bruderländern», am 28. Oktober 1989 als Symptome einer *fremden Zeit* bezeichnet, als Manifestationen einer *unglaublichen Ära*, und offenkundig beschlossen, sich in einem defensiven Sinne auf die Insellage zurückzuziehen. Bereits am 36. Jahrestag des Sturms auf die Moncada-Kaserne in Santiago de Cuba, dem 26. Juli 1989, hatte er den Versuch, marktwirtschaftliche Elemente einzuführen, als «verrückte Idee» verworfen. Kuba will sich derlei Neuerungen mit aller Macht verschließen. Die «heilige Mission», den Sozialismus zu verteidigen und im eigenen Land wie auch weltweit vor Abweichungen zu bewahren, hatte der kubanische Staats- und Parteichef vorausblickend Anfang 1989 verkündet. Ein Bekenntnis, das er mit der trotzigen Formel schloss: *Marxismus-Leninismus oder Tod!*

Plakat mit Marx, Engels, Lenin von 1975

Die Unabhängigkeit des Landes hänge nicht von sowjetischen Raketen ab, sondern vom politischen Willen der Kubaner. Die rote Fahne werde auf der Insel niemals eingeholt, die Partei werde immer Kommunistische Partei heißen, hält man den Abweichlern von der reinen Lehre des wissenschaftlichen Sozialismus entgegen. Selbst wenn die «große Sowjetunion» unter dem Druck der Nationalitätenkonflikte auseinanderbräche, wolle er weiterkämpfen, betonte der «Comandante en Jefe» am 28. September 1990.

Die Kubaner wurden von Partei und Regierung auf einen Volkskrieg eingeschworen. «Kuba ist auf eine totale Blockade vorbereitet», lautete die Parole und bedeutete den Rückzug auf die insulare Verteidigungsposition, ein Einigeln in der künstlich hervorgekehrten ideologischen Selbstsicherheit, das auf immense Probleme schließen ließ und zugleich enormen Einfluss auf die politische Lage im Land hatte, nämlich als politischer Druck, der die Reihen angesichts einer rundum fremden, feindseligen Umwelt schließen helfen sollte.

> «Man soll aufhören, sich mit uns anzulegen, und uns in Ruhe lassen! Schon möglich, dass ich im Sitzen sterbe, aber weder die Amerikaner noch sonst irgend jemand werden mich auf den Knien liegen sehen. Alle historischen Etappen haben ihren St. Benedikt gehabt.»
> Antonio Nuñez Jiménez,
> Unterwegs mit Fidel

Aber jeder weiß, dass die Vorstellung eines autarken Kubas, das sich allein verteidigen und wirtschaftlich aus eigener Kraft erhalten könnte, absurd ist. Die Abhängigkeit von der Sowjetunion, die sich während der vergangenen Jahre und Jahrzehnte in einer täglichen Transfusion von über einer Million Dollar und unerlässlicher technischer Hilfe dokumentiert hat, lässt sich umso weniger abstreifen, als Kuba mit seinem Außenhandel zu 80 Prozent auf die früheren sozialistischen Länder verwiesen bleibt. Während die Regierung darauf bedacht ist, die reine Lehre des Marxismus-Leninismus unverändert ihre Politik bestimmen zu lassen, fördert sie andererseits mit Macht eine Entwicklung, die solche kommunistische Reinheit schließlich als illusionär erweisen wird: den Tourismus.

Noch vor kurzem grenzte es an ideologischen Hochverrat, die Unumkehrbarkeit der Revolution zu bezweifeln; im Juni 2002 ließ Castro seine Landsleute eine Petition zur Staatsform Kubas unterschreiben, dabei hätten 98,9 Prozent gefordert, den Sozialismus auf ewig in der Verfassung zu verankern, hieß es offiziell.

Castros Quintessenz zur Lage Kubas lautete: *Diese Revolution kann sich* [selbst] *zerstören, aber die Vereinigten Staaten können es nicht mehr.* Denn inzwischen sei Kuba so stark aufgerüstet und seit Ende der 1980er Jahre psychologisch bereits so auf einen «Volkskrieg» eingestellt, dass sich potenzielle Invasoren blutige Köpfe holen würden. Reumütig bekannte sich Castro zu den Irrungen und Wirrungen der Revolution und klagte: *Niemand weiß, wie der Sozialismus aufgebaut wird.* Als wäre er nur Zaungast des Geschehens gewesen und nicht der Máximo Líder, der am 16. April 1961, am Vorabend der Schweinebucht-Invasion, den sozialistischen Charakter der kubanischen Revolution proklamiert hatte. Fünfzig Jahre lang hat das «kubanische Experiment» funktioniert, in materieller Hinsicht mehr schlecht als recht. Sein Nimbus hat Castro befähigt, weit über die Grenzen des Inselstaats hinaus zu wirken. Und auf der Basis des vorbildlichen Gesundheits- und Bildungssystems leistet das Entwicklungsland Kuba Entwicklungshilfe.

Die Kirche und die Kommunisten auf Kuba. Fidel Castro begrüßt den Papst nach einer Messe, die Johannes Paul II. auf dem Revolutionsplatz in Havanna abgehalten hat, 25. Januar 1998

Bei allem Respekt vor dieser Leistung ist dem Máximo Líder sein rüder Umgang mit Dissidenten vorzuhalten. Im März 2003 ließ Castro 75 Frauen und Männer einsperren und zu horrenden Haftstrafen bis zu 28 Jahren verurteilen, einzig und allein, weil sie von ihrem Recht auf Meinungs-, Versammlungs- und Vereinigungsfreiheit Gebrauch gemacht hatten. Im April 2003 sorgte er dafür, dass drei Entführer einer kubanischen Fähre ohne Prozess zum Tode verurteilt und kurz darauf erschossen wurden. Zeichen der Stärke sind solche martialischen Akte nicht, sie sind vielmehr Ausdruck der Unsicherheit und Schwäche in kritischer Situation.

CASTROS NACHLEBEN

In unregelmäßigen Abständen liefert der Máximo Líder Indizien dafür, dass er noch lebt. Dem Einundachtzigjährigen ist angesichts der unverhohlenen Ungeduld, mit der sein Ableben in Miami und anderswo erwartet wird, die Geschichte des spanischen National-helden Cid Campeador eingefallen. *Wenn ich wirklich sterbe,* räsonierte Fidel, *wird es niemand glauben. Ich könnte damit umgehen wie der Cid Campeador, den sie noch als Toten auf dem Pferd mitnahmen und so ihre Schlachten gewannen.* [215]

«Castro gestürzt», wurde Mitte Oktober 2004 gemeldet. Für einen Moment suggerierte diese Schlagzeile, das Ende der Ära Castro sei gekommen, dabei war der nur gestolpert. Zwar mit schmerzlichen Folgen, mehreren Brüchen und anderen Verletzungen, jedoch ohne Verlust an politischer Autorität. Demonstrativ ließ er alle Welt an seiner Rekonvaleszenz teilhaben, um seine Handlungsfähigkeit zu beweisen. [216] Ansonsten helfen auch die «Kronprinzen» – so hatte bei seinem «Sturz» der heutige Außenminister Felipe Pérez Roque, zuvor acht Jahre lang sein Büroleiter, spontan Sprechchöre angestimmt: «Viva Raúl! Viva Fidel!» Das lenkte die Aufmerksamkeit von dem «Gestrauchelten» ab. Ähnlich geistesgegenwärtig hatte Carlos Lage Dávila, Vizepräsident des Staatsrats und Sekretär des Ministerrats, Fidel bei einem anderen öffentlichen Schwächeanfall abstützen können und so das Bild eines hilflosen, zum Abdanken fälligen Patriarchen vermieden. Kaum etwas dürfte den Macho und ehemals leidenschaftlichen Sportler Castro tiefer treffen als das Schwinden seiner physischen Leistungsfähigkeit. Doch deren Grenzen musste er in

Ein Lebenszeichen vom Chef-Kommandanten zum 80. Geburtstag, einige Tage nachdem er seine Ämter vorübergehend seinem Vize, dem Bruder Raúl Castro, übergeben hatte, im August 2006

jüngster Zeit nach und nach anerkennen. In der «Granma» vom 1. August 2006 nannte er die Strapazen einer Reise nach Córdoba, Argentinien, zur Teilnahme an einer Konferenz der MERCOSUR-Länder (Uruguay, Paraguay, Brasilien und Argentinien) als einen Grund für seine schlechte physische Verfassung.

War schon das Eingeständnis der Schwäche bemerkenswert, so kam sein Entschluss, seine Macht vorerst zeitweilig an den jüngeren Bruder Raúl abzutreten, einer Sensation gleich: In einer «Proklamation des Chef-Kommandanten an das kubanische Volk» übertrug er seine Ämter als Erster Sekretär des Zentralkomitees der Kommunistischen Partei Kubas, seine Funktion als Oberbefehlshaber und als Präsident des Staatsrats sowie des Ministerrats an seinen Bruder Raúl, seinen bisherigen Vize in all diesen Funktionen. Mehrmals betonte der Máximo Líder den vorläufigen Charakter dieses Ämtertransfers. Ausgerechnet am 26. Juli 2006, dem höchsten politischen Feiertag Kubas, musste er sich einer komplizierten Darmoperation unterziehen. Die folgenden Wochen und Monate gaben den «Kubanologen» reichlich zu tun – würde sein Zustand die Rückkehr an die Hebel der Macht erlauben? Das war die Frage. Wie eine Geisel trat der krankgeschriebene Revolutionär vor sein Weltpublikum und äußerte sich zu aktuellen Themen, die beweisen konnten, dass er noch am Leben war. So kritisierte er die Bush-Regierung wegen ihrer Pläne, mehr Mais, Zuckerrohr und Soja für die Herstellung von Biodiesel anzubauen. Ein Vorhaben, das laut Castro drei Milliarden Menschen zum «vorzeitigen Tode» verurteilen würde.

Für die Kuba-Experten gab es kaum noch Zweifel am prekären Zustand Castros, als wichtige Termine verstrichen, ohne dass er an ein Rednerpult trat. Castros politische Ziehsöhne, der bolivianische Präsident Evo Morales und sein venezolanischer Kollege Hugo Chávez, hatten aus ihren Krankenbesuchen bei Fidel wohl allzu optimistische Schlüsse gezogen. Er habe die Regierungsgeschäfte wieder voll im Griff, hieß es, und sicher werde er an der Kundgebung zum 1. Mai 2007 teilnehmen. Dem war dann nicht so, offenbar fühlte er sich für diesen ersten öffentlichen Auftritt seit neun Monaten noch zu schwach. Auch bei einem anderen Großereignis fehlte er, beim Gipfel der Blockfreien in Havanna. Castro muss dies als umso misslicher empfunden haben, insofern

Fidel Castro erhält am Krankenbett Besuch vom venezolanischen Staatspräsidenten Hugo Chávez, August 2006

Ein skeptischer Seitenblick Fidels auf seinen Bruder Raúl, 1996

er seit vielen Jahren diese Bewegung mit vorangetrieben hatte und
nun Gastgeber eines Konvents der Repräsentanten von 118 Mit-
gliedsstaaten hätte sein sollen. Und dies zu einer Zeit, da Kuba mit
Venezuela, Bolivien und dem Iran einen Block gegen die USA zu
schmieden versucht.

Kuba ohne Castro? Das ist kaum vorstellbar. Vier Fünftel der
kubanischen Bevölkerung kennen nur dieses Regime, dem sie, bei
aller Kritik an der Misswirtschaft, dem ewigen Mangel an alltäglichen Dingen wie Seife, Zahnpasta, Butter, Tee und vielem mehr,
doch auch Respekt zollen, weil es die kubanische Identität bewahrt
hat. Fidel Castro, der immer alles unter Kontrolle behalten wollte,
ist kaum ersetzbar. «Sein Bruder Raúl nuschelt und sieht aus wie
ein alkoholkranker Rentner in einer Karnevalsuniform.»[217] Ein
herbes, aber nicht ganz abwegiges Urteil.

Der ewige Zweite, der stets im Schatten seines Bruders stand
und sich im Umgang mit Oppositionellen durch besondere Härte
hervortat, ist sicher keine Idealbesetzung. Fidel hatte ihn mit viel-
sagenden Worten zum Verteidigungsminister erklärt: *Das Schicksal
der Völker kann nicht von einem Menschen allein abhängen. Nach mir*

Abblätterndes Porträt des Máximo Líder auf der Barackenwand
einer Baustelle in Varadero

kommen andere, radikalere als ich. Mich zu ermorden würde die Revolution nur weiter stärken. Trotz des Plurals konnte doch nur einer mit diesem Ausspruch gemeint sein: Bruder Raúl. Er ist in der Tat der Radikalere von beiden – und zugleich der Diplomatischere. Während Fidel vor aller Welt jeden, der an der Situation der Menschenrechte auf der Insel Anstoß nimmt, wüst beschimpft, schweigt der jüngere Bruder lieber und wird im Hintergrund aktiv, manchmal auch überraschend. Er gebietet über eine Armee von 250 000 Mann, die größte in Lateinamerika, und als nun nach dem Zerfall des «realen Sozialismus» Kubas Wirtschaft innerhalb eines Jahres einen Schwund von rund 40 Prozent zu bestehen hatte, kam der Verteidigungsminister auf die glorreiche Idee, das Militär etwas Produktives im Zivilsektor, in der Landwirtschaft, tun zu lassen. Einheiten der «Revolutionären Streitkräfte» produzierten Lebensmittel und verkauften sie auf freien Märkten, sehr zur Zufriedenheit der sonst so karg versorgten Kundschaft. Raúl Castro zeigte sich aufgeschlossen für marktwirtschaftliche Reformen und für eine Détente zwischen Kuba und den USA. Zu Beginn des Jahres 2001 legte er der US-Regierung nahe, doch noch zu Lebzeiten seines Bruders ihren Frieden mit Kuba zu schließen. Denn später, so merkte er düster an, werde es schwieriger werden.

Von Kuba aus gesehen stehen die Zeichen auf Entspannung. Es geht nach den verheerenden wirtschaftlichen Verlusten seit dem Ende der Sowjetunion langsam aufwärts. Der Tourismus boomt. Und mit dem Linksruck in Lateinamerika hat Kuba auch wieder Anschluss an die Entwicklung auf dem Subkontinent gefunden. Speziell mit dem Venezuela des Hugo Chávez ist Castros Kuba ideologisch und wirtschaftlich liiert und erhält die Chance, Erdöl in respektablen Mengen gegen Dienstleistungen zu tauschen: Mehr als 10 000 kubanische Ärzte arbeiten in den Elendsvierteln von Caracas.

Und schließlich kann sich Fidel Castro als Nestor der jungen linken Politiker fühlen. Das Feld ist also bestellt, als der Chef-Kommandant im Dezember 2007 seine Amtsgeschäfte endgültig dem Bruder Raúl vererbt. Und die Voraussetzungen für eine friedliche Koexistenz in der westlichen Hemisphäre erschienen günstig, wäre da nicht erneut der massive Versuch der US-Regierung, zu bestimmen, wer wo und wie regiert auf Kuba.

ANMERKUNGEN

1 Leycester Coltman: Der wahre Fidel Castro, Düsseldorf / Zürich 2005, S. 462

2 Die Radioansprache von Fidel Castro nach dem Einmarsch der Rebellenarmee in Santiago de Cuba findet sich im Deutschen Rundfunkarchiv, Band Nr. 78 U 3605 / 1

3 Norberto Fuentes: Die Autobiographie des Fidel Castro, München 2006, S. 11

4 Robert E. Quirk: Fidel Castro. Die Biographie, Berlin 1996, S. 8

5 Fidel Castro: Un grano de maíz. Conversación con Tomás Borge, La Habana 1992

6 Frei Betto: Nachtgespräche mit Fidel, Freiburg / Schweiz 1986

7 Gianni Miná: Un encuentro con Fidel, La Habana 1988, S. 9

8 The Assassination Plots. Select Committee to Study Governmental Operations with Respect to Intelligence Activities; in: Aviva Chomsky, Barry Carr und Maria Smorkaloff (Hg.): The Cuba Reader. History, Culture, Politics, Durham / London 2. Aufl. 2004, S. 552 – 556

9 Quirk, a. a. O., S. 8

10 Vgl. Jeanette Erazo-Heufelder: Fidel. Ein privater Blick auf den Máximo Líder, Frankfurt am Main 2004, S. 35

11 Peter G. Bourne: Fidel Castro, Düsseldorf u. a., 1986, S. 10

12 Quirk, a. a. O., S. 239

13 Ruby Hart, zit. n. Hugh Thomas: Castros Cuba, Berlin 1985, S. 176

14 Ebd., S. 29

15 Etwa in Meyers Grosses Taschenlexikon, Mannheim 1981, Bd. 4, S. 218

16 Betto, a. a. O., S. 74 f.

17 Im Übereifer der Symbolik hat ein Castro-Biograph dieses Ereignis sogar ein Jahr vorverlegt. Der « Angriff auf die Moncada-Kaserne von Santiago de Cuba erfolgte im Jahre 1952. 52 ist zweimal 26 », verkündet er. Rechnerisch exakt, aber historisch um ein Jahr daneben. Albrecht Hagemann: Fidel Castro, München 2002, S. 8

18 Vgl. Frank Niess: Der Koloss im Norden. Geschichte der Lateinamerikapolitik der USA, 2. Aufl., Köln 1986, S. 93

19 Dazu Philip S. Foner: The Spanish-Cuban-American War and the Birth of American Imperialism 1895 – 1902, New York / London 1972, Bd. II, 1898 – 1902, S. 377

20 Miguel Barnet: Alle träumten von Cuba. Frankfurt am Main 1981, S. 7

21 Ebd., S. 25

22 Thomas, a. a. O., S. 30

23 Coltman, a. a. O., S. 13

24 Thomas, a. a. O., S. 30

25 Vgl. Volker Skierka: Fidel Castro. Eine Biographie, Berlin 2001, S. 21

26 Ebd., S. 31

27 Tad Szulc: Fidel. A Critical Portrait, New York 1986, S. 108

28 Coltman, a. a. O., S. 15

29 Fuentes, a. a. O., S. 46

30 Coltman, a. a. O., S. 16

31 Fuentes, a. a. O., S. 14 f.

32 Ebd., S. 78

33 Bourne, a. a. O., S. 37

34 Fuentes, a. a. O., S. 22

35 Betto, a. a. O., S. 120

36 Coltman, a. a. O., S. 19

37 Ebd., S. 17

38 Heufelder, a. a. O., S. 21

39 Über Fidels Schulkarriere u. a. Coltman, a. a. O., S. 16 ff.

40 Zit. n. Thomas, a. a. O., S. 32

41 In fast allen Castro-Biographien ist diese Notiz enthalten: z. B. Skierka, a. a. O., S. 33; Heufelder, a. a. O., S. 23; oder Quirk, a. a. O., S. 26 f.

42 Betto, a. a. O., S. 121

43 Zit. n. Skierka, a. a. O., S. 33

44 Bourne, a. a. O., S. 54 f.

45 Quirk, a. a. O., S. 30

46 Heufelder, a. a. O., S. 24

47 Quirk, a. a. O., S. 29

48 Bourne, a. a. O., S. 51

49 Zit. n. Skierka, a. a. O., S. 37
50 Quirk, a. a. O., S. 29 ff.
51 Zit. n. Skierka, a. a. O., S. 39
52 Einen knappen Überblick über die Parteien der ersten Nachkriegszeit gibt Michael Zeuske: Kleine Geschichte Kubas, München 2000, S. 174 ff.
53 Skierka, a. a. O., S. 40
54 Vgl. The last Call. Eduardo A. Chibás; in: Chomsky, Carr und Smorkaloff (Hg.), a. a. O., S. 298 f.
55 Skierka, a. a. O., S. 42 ff.
56 Ebd.
57 Thomas, a. a. O., S. 43
58 José Martí: El autor intellectual, La Habana 1983
59 Walter Hanf: Castros Revolution. Der Weg Kubas seit 1959, München 1989, S. 33
60 Granma, 28. Dezember 1975, S. 2
61 Carlos Manuel de Céspedes: Freedom and Slavery; in: Chomsky, Carr und Smorkaloff (Hg.), a. a. O., S. 115–117
62 Kurt Schnelle: José Martí. Apostel des freien Amerika, Köln 1981, S. 108 ff.
63 Horst Fabian: Der kubanische Entwicklungsweg, Opladen 1981, S. 82
64 Vgl. Karin Stahl: Kuba – eine neue Klassengesellschaft? Heidelberg 1987, S. 51
65 Bert Hoffmann: Kuba, München 2000, S. 46
66 Luis E. Aguilar: Cuba 1933. Prologue to Revolution, Ithaca and London 1972, S. 59
67 Irwin F. Gellman: Good Neighbor Diplomacy. United States Policy in Latin America, 1933–1945, Baltimore / London 1979, S. 35 ff.
68 Ebd., S. 150 f.
69 Hoffmann, a. a. O., S. 42 f.
70 Jürgen Hell: Geschichte Kubas, Berlin 1989, S. 149
71 Ebd., S. 47
72 José de Villa, Jürgen Neubauer: Máximo Líder. Fidel Castro. Eine Biographie, Düsseldorf 2006, S. 52
73 Robert Merle: Moncada. Fidel Castros erste Schlacht, Berlin 1983, S. 170 f.
74 Bourne, a. a. O., S. 105. Zum Scheitern des Moncada-Unternehmens Nydia Sarabia: Moncada: Biografía de un cuartel, La Habana 1983, S. 68 ff.
75 Quirk, a. a. O., S. 59
76 Ausführlich zu alldem Wilhelm M. Breuer: Sozialismus in Kuba. Zur politischen Ökonomie, Köln 1973, S. 32 ff.
77 Aus der Fülle der Ausgaben dieser Verteidigungsrede sei genannt Fidel Castro: La historia me absolverá, La Habana 1973; speziell zum Widerstandsrecht und zu verfassungsgeschichtlichen Vorbildern s. S. 102 ff.
78 Quirk, a. a. O., S. 85
79 Ebd.
80 Zit. n. Bourne, a. a. O., S. 145
81 Thomas M. Leonard: Fidel Castro. A Biography, Westpoint / Connecticut o. J., S. 30
82 Zit. n. Quirk, a. a. O., S. 86
83 Zit. n. Heufelder, a. a. O., S. 29
84 Quirk, a. a. O., S. 87 f.
85 Frank Niess: Che Guevara, Reinbek 3. Aufl. 2007
86 Teresa Casuso: Cuba und Castro, Köln / Berlin 1962, S. 130
87 Ebd.
88 Leonard, a. a. O., S. 31
89 De Villa, Neubauer, a. a. O., S. 77 f.
90 Herbert L. Matthews in der New York Times, 24. Februar 1957; auch in: The Cuba Reader, a. a. O., S. 326–332. Vgl. dazu auch: An Interview that made History, Granma, 27. Februar 1977
91 Skierka, a. a. O., S. 81 f.
92 Ernesto Che Guevara: Aufzeichnungen aus dem kubanischen Befreiungskrieg 1956–1959, Reinbek 1969, S. 84 ff.
93 Vgl. Paco Ignacio Taibo II: Che. Die Biographie des Ernesto Guevara, Hamburg 1997
94 Frank Niess: 20mal Kuba, München / Zürich 1991, S. 324

95 Leonard, a. a. O., S. 39 f.
96 Ebd., S. 41
97 Klaus Huhn: Compañero Castro. Auf Kubas steinigem Weg, Berlin 1996, S. 80
98 Granma, 12. Januar 1975, S. 3
99 Neues Deutschland, 2. Januar 1959
100 Quirk, a. a. O., S. 201
101 Hagemann, a. a. O., S. 96
102 Waltraud Hagen, Peter Jacobs: Fidel Castro. Eine Chronik, Berlin 2006, S. 67 f.
103 Quirk, a. a. O., S. 207
104 Ebd., S. 209 f.
105 Hagemann, a. a. O., S. 106 f.
106 Skierka, a. a. O., S. 105
107 Thomas, a. a. O., S. 189
108 Dazu Frank Niess: Kuba: Auslaufmodell oder Vorbild für die Dritte Welt?; in: Rafael Sevilla, Clemens Rode (Hg.): Kuba – Die isolierte Revolution? Unkel / Rhein 1993, S. 59–72, hier S. 68
109 Enrique Meneses: Fidel Castro. Beschreibung einer Revolution, München 1968, S. 104
110 Lee Lockwood: Castros Kuba, Kubas Fidel; in: Giangiacomo Feltrinelli (Hg.): Lateinamerika. Ein zweites Vietnam? Reinbek 1968, S. 17–64, hier S. 22
111 Paul M. Sweezy, Leo Huberman: Sozialismus auf Kuba, Frankfurt am Main 1970, S. 18
112 Vgl. Richard R. Fagen: 1961. The Year of Education; in: The Cuba Reader, a. a. O., S. 386–388
113 Vgl. Albrecht Henn, Martin Schmidt: Nach dem Vorbild Ches. Das Gesundheitssystem; in: Willi Huismann, Hans Jürgen Kröger (Hg.): Cuba. Ein politisches Reisebuch, Hamburg 1985, S. 90–95
114 Alfred Herzka: Kuba. Abschied vom Kommandanten? Frankfurt am Main 1998, S. 99
115 Deutsche Stiftung Weltbevölkerung (Hg.): DSW-Datenreport 2005
116 Sweezy, Huberman, a. a. O., S. 98

117 Ausführlich dazu René Dumont: Is Cuba Socialist? London 1974, S. 31 ff.
118 Sergio Aranda: La revolución agraria en Cuba, Mexiko 1968, S. 144
119 Edward Boorstein: The economic Transformation of Cuba, New York / London 1968, S. 44
120 Meneses, a. a. O., S. 106
121 Maurice Halperin: The Taming of Fidel Castro, Berkeley / Los Angeles 1981, S. 7
122 Knud Krakau: Die kubanische Revolution und die Monroe-Doktrin. Eine Herausforderung der Außenpolitik der Vereinigten Staaten, Frankfurt am Main 1968, S. 63
123 Dazu Frank Niess: Die drei Blockaden Kubas; in: Blätter für deutsche und internationale Politik, August 1992, S. 954–966, hier S. 958; sowie u. a. Richard Gott: Cuba. A New History, New Haven / London 2004, Appendix C, Extracts from The Helms-Burton-Act 1996, S. 329 ff. Auch für das Folgende
124 Frank Niess: Messer am Hals. Kuba und die Embargopolitik der USA; in: Blätter für deutsche und internationale Politik, Oktober 1994, S. 1163–1168
125 Conrad Schuhler: Die unmögliche Revolution; in: Wolfgang Schneider (Hg.): Kuba libre. Eine Insel spielt nicht mit, Hamburg 2002, S. 26–67, hier S. 47
126 Im Interview mit dem Verfasser am 18. November 1993 in Bonn. Auch das Folgende
127 Charter of the Organization of American States, As amended by the Protocol of Buenos Aires in 1967, OEA / Ser. X
128 Exakt bestimmen lässt sich dieser Schaden nicht, wegen der vielen methodologischen Probleme, die schon bei der Definition anfangen; vgl. Hagen, Jacobs, a. a. O., S. 89

129 Granma Internacional, November 1995, S. 15; hier auch Fidel Castros Redebeitrag zu diesem Gipfeltreffen

130 Skierka, a. a. O., S. 189

131 Dazu Raimund Krämer: Der alte Mann und die Insel. Essays zu Politik und Gesellschaft in Kuba, 2. Aufl., Berlin 2002, S. 122

132 Orlando Borrego Díaz: Die historische und aktuelle Bedeutung der ökonomischen Konzeption Ches für das sozialistische Kuba; in: Internationale Che Guevara-Konferenz, Berlin 1998, S. 103 – 128, hier S. 120

133 Taibo II, a. a. O., S. 33

134 Coltman, a. a. O., S. 249; Antonio Nuñez Jiménez: Unterwegs mit Fidel, Berlin 1986, S. 209 ff.

135 Hell, a. a. O., S. 211

136 Zit. n. Meneses, a. a. O., S. 56 ff.

137 Stahl, a. a. O., S. 159

138 Fernsehrede des Kommandanten Fidel Castro, um die Ereignisse in der CSSR zu analysieren, hg. v. Bundesvorstand des SDS, Berlin 1968, S. 26

139 Stahl, a. a. O., S. 125

140 Hagen, Jacobs, a. a. O., S. 114 f.

141 Skierka, a. a. O., S. 189 f.

142 Ebd., S. 29

143 Vgl. auch Hans-Jürgen Burchardt: Kuba. Im Herbst des Patriarchen, Stuttgart 1999

144 Niess, 20mal Kuba, a. a. O., S. 291

145 Huhn, a. a. O., S. 12

146 In: Kursbuch 30, Dezember 1972, S. 155 – 181, hier S. 175

147 Sehr informativ: Der Fall Padilla. Intellektuelle in der Revolution, hg. v. der Vereinigung Schweiz-Cuba, Zürich o. J., S. 13 ff. Auch für das Folgende

148 Zit. n. Günter Maschke: Cubanischer Taschenkalender; in: Kursbuch 30, Dezember 1972, S. 129 –152, hier S. 129 f. und S. 145 f.

149 Jorge Edwards: Persona non grata, Berlin 2006, S. 72

150 Günter Grau: Havanna. Ein Reiseführer durch Geschichte und Gegenwart, Hamburg 1988, S. 139 und S. 147

151 Eindrücke des Verfassers

152 Quirk, a. a. O., S. 607

153 Aufschlussreich hierzu Fernando Morais: Die Rote Insel. Kuba heute, Wuppertal 1978, S. 30 ff.

154 Vgl. Barry Sklar: Cuban Exodus 1980. The Context; in: Philip Brenner, William M. LeoGrande, Donna Rich und Daniel Siegel (Hg.): The Cuba Reader, New York 1989, S. 339 – 348, hier S. 344

155 Der Tagesspiegel, Sonntag, 7. August 1994

156 Frankfurter Allgemeine Zeitung, 8. August 1994

157 Coltman, a. a. O., S. 429

158 Vgl. Stephen Schlesinger, Stephen Kinzer: Bananen-Krieg. Das Exempel Guatemala, München 1986, S. 102 ff.

159 Eric Frey: Schwarzbuch USA, Frankfurt am Main 2004, S. 146 f.

160 Ebd., S. 141 f., 146 ff.

161 Vgl. Peter Wyden: Bay of Pigs. The untold Story, New York 1979, S. 25 ff.

162 The Select Committee found concrete evidence of at least eight plots involving the CIA to asastinate Fidel Castro; in: Final Report of the Select Committee to study Governmental Operations with Respect to Intelligence Activities, United States Senate, Washington 1976, S. 72, 78, 80

163 Horst Schäfer: Im Fadenkreuz: Kuba, Berlin 2004, S. 116 ff.

164 Gert Ockert: Die Firma und ihr Feind, Notizen aus dem endlosen Krieg der USA gegen Castros Kuba; in: Wolfgang Schneider (Hg.), a. a. O., S. 68 – 85, hier S. 74

165 Gott, a. a. O., S. 192

166 Hans Magnus Enzensberger: Das Verhör von Habana, Frankfurt am Main 1970, S. 13 f.

167 «Luftüberfall auf Kuba»; in: Neues Deutschland, 16. April 1961
168 Skierka, a. a. O., S. 136
169 Frankfurter Allgemeine Zeitung, 17. April 2006
170 Betto, a. a. O., S. 190
171 Andreas Etges: John F. Kennedy, München 2003, S. 73 f.
172 Frey, a. a. O., S. 150
173 Skierka, a. a. O., S. 150; Thomas, a. a. O., S. 360
174 Schäfer, a. a. O., S. 145 f.
175 Zit. n. Ernst F. Fürntratt-Kloep: Unsere Herren seid Ihr nicht! Das politische Denken des Fidel Castro, Köln 2000, S. 229
176 Enzensberger, a. a. O., S. 24
177 Der Spiegel, 17. Juni 1961
178 Skierka, a. a. O., S. 165
179 Vgl. Edward Lansdale: Operation Mongoose; in: Chomsky u. a. (Hg.), a. a. O., S. 540–543
180 Vgl. Gott, a. a. O., S. 195 ff., S. 208
181 Zit. n. Hoffmann, a. a. O., S. 78 f.
182 Ebd.
183 Gott, a. a. O., S. 210
184 Ebd., S. 209 ff.
185 Taibo II, a. a. O., S. 311 f.
186 Frankfurter Allgemeine Zeitung, 12. April 1958
187 Thomas, a. a. O., S. 181
188 Frankfurter Allgemeine Zeitung, 3. Januar 1959
189 Thomas, a. a. O., S. 158
190 Herzka, a. a. O., S. 84 f.
191 Fernando Martínez Heredia: Cuba: Problemas de la Libertacion, la Democracia, el Socialismo; in: Sintesis, Revista Documental de Ciencias Sociales Iberoamericanas. Madrid 1987, S. 181–203, hier S. 181
192 Claes Brundenius: Development Strategies and Basic Human Needs; in: Brenner u. a. (Hg.), a. a. O., S. 108–123, hier v. a. S. 117
193 Horst Brezinski: Die Auswirkungen des Zusammenbruchs des Sozialismus in Osteuropa auf die Wirtschaft Kubas. Möglichkeiten der Anpassung; in: Sevilla, Rode, a. a. O., S. 219–240, hier S. 232 f.
194 Eduardo Galeano: A pesar de los pesares; in: El Paìs, 31. März 1992, S. 12
195 Hanf, a. a. O., S. 118
196 In: Granma, 28. Dezember 1975
197 Julio E. Le Riverend: Historia de Cuba, La Habana 1977. Le Riverend Brusone, lange Zeit Direktor der Nationalbibliothek «José Martí», hat unmittelbar vor den Feierlichkeiten zum 30. Jahrestag des Sturms auf die Moncada, Ende Juli 1983, im Gespräch mit dem Autor seine Sicht dieses Ereignisses erläutert.
198 Jiménez, a. a. O., S. 234 f.
199 Ebd., S. 231 f.
200 Hagen, Jacobs, a. a. O., S. 77
201 Zit. n. Coltman, a. a. O., S. 239
202 Halperin, a. a. O., S. 84
203 Anderson, a. a. O., S. 490
204 Elmar May: Che Guevara, Reinbek 1973, S. 82
205 Marcio M. Alves: Erster beim Sterben, letzter beim Essen. Kuba – Eine Arbeiterfamilie erzählt, Reinbek 1975, S. 55
206 Fidel Castro: Report to the People on the Progress of the Sugar Harvest; in: Granma, 9. Februar 1970, S. 3 ff.
207 Ausführlich zur Zafra '70 und die Folgen Frank Niess: Kuba 1968–1976. Moral, Produktion und Verfassung in einer Übergangsgesellschaft; in: Vierteljahresberichte, Forschungsinstitut der Friedrich Ebert Stiftung, Nr. 66, Dezember 1976, S. 275–297, hier v. a. S. 281 ff.
208 Gesetz Nr. 1231, Ley contra la vagancia (gegen das «Blaumachen», Faulenzen etc.), am 17. März 1971
209 Fidel Castro Ruz: Our Labor Movement was never as solid as it is now! La Habana 1974, S. 8
210 Fidel reads Main Report to first Congress of the Communist Party

of Cuba; in: Granma, 28. Dezember 1975

211 Vgl. Stahl, a. a. O., S. 246 f.

212 Susanne Gratius: Fidel Castro, München 2005, S. 54 ff.

213 Einen knappen Überblick gibt Raul Ruiz: Bodies of People's Power, La Habana 1981

214 Stahl, a. a. O., S. 257 ff.

215 Peter Jacobs: Wenn ich sterbe, wird es keiner glauben, Berlin 2006

216 Cicero 12 / 2004, S. 37

217 Alexander Osang: «Das letzte Symbol»; in: Der Spiegel 32 / 2006, S. 106 ff.

1491   12. Oktober: Kolumbus «entdeckt» Amerika.

1492   28. Oktober: Landung auf Kuba, dem «Zauberland», das fortan spanische Kolonie wird.

1868   Der erste Freiheitsruf der Kubaner, der «grito de Yara»; Niederlage der Aufständischen, der Mambises.

1895   19. Mai: Tod des José Martí, Castros Idol.

1895–1898   Zweiter kubanischer Unabhängigkeitskrieg.

1898   25. April: Kriegserklärung der US-Regierung an die spanische Kolonialmacht wegen der angeblichen Zerstörung des US-Schiffs «Maine» im Hafen von Havanna.
April–Juli: «Splendid little War».
1. Oktober: Friedenskonferenz USA–Spanien in Paris. Die alte Kolonialherrschaft wird abgelöst von den USA.

1898–1902   Militärverwaltung.

1901   Platt-Amendment, in die kubanische Verfassung aufgenommen; Interventionsrecht der USA auf der Insel im Falle von politischen Unruhen; Kuba wird zu einer Pseudorepublik.

1906–1909   «Intervention» zur Wiederherstellung der Ordnung, zum Schutz der Ausländer und zur Errichtung einer stabilen Regierung nach schweren, revolutionären Unruhen.

1912   Erneute Intervention.

1917–1922   Weitere Interventionszeit.

1925   Gründung der ersten Kommunistischen Partei Kubas durch Julio Antonio Mella.

1926   13. August: Geburt Fidel Castros in Birán in der Provinz Oriente.

1933   Flottenaufmarsch gegen den an der Macht befindlichen Gerardo Machado vor den Küsten Kubas; Flucht des «Mussolini der Tropen».
September: Aufstand der Unteroffiziere, deren führender Kopf heißt Fulgencio Batista.

1934   Aufhebung des Platt-Amendment.

1940–1944   Batista wird kubanischer Präsident, auf der Grundlage einer bemerkenswert liberalen und sozialen Verfassung.

1945–1950   Castros Studium der Rechtswissenschaft an der Universität Havanna.

1946   27. November: Castros erste öffentliche Rede, ein Protest gegen höhere Fahrpreise der Autobusse.

1947   November: Castro schließt sich der Partido del Pueblo Cubano (Ortodoxos) an. Der Parteivorsitzende Eduardo Chibás wird für Fidel Castro zum Idol.

1948   April: Castro ist Zeuge und Beteiliger am Bogotazzo in Kolumbien.
12. Oktober: Fidel Castro heiratet Mirta Díaz Balart.

1949   1. September: Geburt des Sohnes Fidel Castro Díaz-Balart (Fidelito). Er studiert später Physik in Moskau und wird Chef der kubanischen Atombehörde (vom Vater Anfang der 1990er Jahre abgesetzt).

1951   16. August: Selbstmord des Senators Eduardo Chibás.

1952   10. März: Staatsstreich des Generals und ehemaligen Präsidenten Fulgencio Batista.
November: Beginn der Beziehung zu (der ebenfalls verheirateten) Natalia Revuelta, gen. Naty, die Fidel Castro ihr Haus als Kommandozentrale zur Verfügung stellt und sich damit selbst gefährdet. Der Kontakt zu «Naty» riss nie ganz ab.

1953   26. Juli: Überfall auf die

Moncada-Kaserne in Santiago.
1. August: Gefangennahme in den Bergen der Provinz Oriente.
16. Oktober: Moncada-Prozess. Fidel Castro beendet seine berühmte Verteidigungsrede mit den Worten: «Die Geschichte wird mich freisprechen.» Castro erhält 15 Jahre Haft auf der Pineninsel.

1954 Scheidung von Mirta Díaz Balart.

1955 15. Mai: Amnestie für Fidel Castro und weitere 28 Teilnehmer des Moncada-Überfalls.
12. Juni: Gründung der «Bewegung 26. Juli».
7. Juli: Exil in Mexiko. Zusammentreffen mit dem argentinischen Arzt Ernesto (Che) Guevara.
25. November: Überfahrt Fidel Castros mit 81 Gefährten auf der Yacht «Granma» nach Kuba.
2. Dezember: Landung an der Südküste Kubas.

1956 12. Januar: Erste erfolgreiche Aktion der Guerilla-Gruppe.
19. März: Geburt der Tochter Alina Fernández Revuelta, die ihren Vater so sehr hasst, dass sie öffentlich seinen baldigen Tod herbeiwünscht. (Als Grund dafür gibt sie selbst enttäuschte Tochterliebe an.)

1957 17. Februar: Der Journalist Herbert Matthews von der «New York Times» interviewt Fidel Castro.
13. März: Versuch des Directorio Revolucionario in Havanna, den Präsidentenpalast zu stürmen.
12. Juli: Castro unterzeichnet mit anderen Vertretern der Opposition das «Manifest der Sierra».

1958 9. April: Gescheiterter Generalstreik gegen Batista.

1959 1. Januar: Batista flieht in die Dominikanische Republik. Einige Tage später Einzug Castros in Havanna.

16. Februar: Fidel Castro löst José Miro Cardona als Premierminister der Revolutionären Regierung ab.
15.– 27. April: Reise Fidel Castros in die USA. Rede im Central Park von New York vor 30 000 Menschen.
17. Mai: Erstes Agrarreformgesetz.
Ende Oktober: US-Präsident Eisenhower bestätigt ein von der CIA vorgeschlagenes Programm über verdeckte Aktionen zur Unterstützung konterrevolutionärer Gruppen auf Kuba.

1960 Februar: Der stellvertretende Ministerpräsident der Sowjetunion, Anastas Mikojan, besucht Kuba. Abschluss des ersten kubanisch-sowjetischen Handelsvertrages.
29. Juni – 6. Juli: Enteignung von US-Ölraffinerien durch Kuba. Reduzierung der Importquote der USA für kubanischen Zucker.
30. Oktober: Die USA-Regierung verhängt ein Embargo gegen Kuba.

1961 11. Januar: Beginn der landesweiten Kampagne zur Alphabetisierung.
16. April: Fidel Castro proklamiert den sozialistischen Charakter der kubanischen Revolution.
17.– 19. April: Invasion der Schweinebucht. Rund 1400 von der CIA organisierte und bezahlte Söldner versuchen, auf Kuba an Land zu gehen.

1962 22. Oktober: Raketenkrise.

1965 3. Oktober: Gründung der Kommunistischen Partei Kubas mit Fidel Castro als Erstem Sekretär des Politbüros.

1968 März: Verstaatlichung sämtlicher noch existierender privater Unternehmen. Bis Ende der 1960er Jahre hatte sich Fidel Castro so sehr gegen die Öffentlichkeit abgeschottet, dass seine Liaison mit Dalia Soto del Valle, die aus einer wohlhabenden Familie in Trinidad stammt, viele Jahre lang nicht bekannt wurde. Auch von den fünf gemeinsamen Söhnen mit Castro erfuhr die Öffentlichkeit nichts. Alle fünf Söhne erhielten Namen, die mit «A» beginnen, darunter Axel, Alexander und Alexis. Alexander war Castros «Nom de Guerre» in der Sierra Maestra gewesen.

1970 Mai: Misslungene Rekord-Zuckerernte.

1976 15. Februar: Ein Referendum bestätigt die erste sozialistische Verfassung Kubas.

1986 Februar: Treffen Fidel Castros mit Michail Gorbatschow in Moskau.

1989 26. Juli: Fidel Castro besteht auf dem Fortbestand der kubanischen Revolution auch für den Fall, dass die Sowjetunion sich auflöst.

1991 Zusammenbruch der Sowjetunion und das Ende der wirtschaftlichen Unterstützung für Kuba.

1992 Januar: Beginn der Período especial auf Kuba, ein extremes Sparprogramm für alle Bereiche.

1994 5. August: Straßenunruhen in Havanna.

1996 12. März: US-Präsident Bill Clinton unterzeichnet das Helms-Burton-Gesetz, das Sanktionen gegen Kuba vorsieht.

1997 Oktober: Fidel Castro bestimmt seinen Bruder Raúl zum Nachfolger im Falle seines Todes.

1998 Januar: Papst Johannes Paul II. besucht Havanna.

2006 Fidel Castro erkrankt schwer und überträgt vorübergehend die Amtsgeschäfte Bruder Raúl.

2007 Im Dezember verlautbart Castro den endgültigen Rücktritt von allen Ämtern.

2008 Februar: Konstitutionelle Umsetzung von Castros Rücktrittsbeschluss durch die neue Nationalversammlung.

ZEUGNISSE

Teresa Casuso
Die Pläne, die Fidel Castro entwickelte, schienen seine Fähigkeiten zu übersteigen, und ich empfand so etwas wie Mitleid für diesen angehenden Befreier, der so voller Vertrauen und so festen Glaubens war. Seine Unschuld rührte mich. Ich hatte so viele gekannt wie ihn, deren Träume von den Realitäten des Lebens zunichte gemacht worden waren. Aber im Laufe dieses langen Gesprächs empfand ich Achtung für ihn und Sympathie für seine Sache […]. Ich mochte ihn gleich sehr, und ich schätzte ihn.
Cuba und Castro, 1962

Leo Huberman / Paul M. Sweezy
Fidel ist ein vollendeter Politiker. Er hat, wahrscheinlich in höherem Maße als irgendeine andere lebende politische Persönlichkeit, jene Eigenschaft, die die Soziologen, mit einer Anleihe bei der Sprache der Theologie, «Charisma» nennen, die gleichsam angeborene Fähigkeit, bei Menschen eine Mischung aus leidenschaftlicher Liebe und blindem Glauben zu erwecken.
Kuba. Anatomie einer Revolution, 1968

Alfred Herzka
Die Persönlichkeit des Comandante en Jefe zeichnet sich durch die widersprüchlichsten Facetten aus: Menschliche Wärme und Gefühllosigkeit, Volksnähe und arroganter Paternalismus, Überzeugungskraft und Unglaubwürdigkeit, Pragmatismus und Fanatismus, Risikobereitschaft und Dilettantismus, Anpassungsfähigkeit und Dogmatismus sind nur einige davon.
Abschied vom Kommandanten?, 1968

Enrique Meneses
Fidel Castro ist es gelungen, einen Kontinent aufzuwecken, der bis dahin an einen kolonialen Lebensstil gebunden war, der jeden Fortschritt verhinderte. Aber im eigenen Land hat er praktisch alle Freiheiten unterdrückt, für die der 26. Juli von 1953 bis 1959 gekämpft hatte.
Fidel Castro, Beschreibung einer Revolution, 1968

Mary Welsh
Als Fidel in Havanna einmarschiert, standen wir voll auf seiner Seite. Man muss sich an die alten Regierungen erinnern – und ich bin alt genug, um mich daran zu erinnern –, unter denen Kuba litt. Immer regierten Diebe Kuba. Sie gleichen sich wie ein Ei dem andern: Grau San Martín, Prío oder Batista. Wir erlebten sie alle, sodass uns niemand etwas vormachen kann. Es stimmt, dass Batista Ernest mehrmals zum Lunch einlud, aber Ernest Hemingway fand immer eine Ausrede.
«Bohemia», 1977

Alina Fernández
Einmal fragte ich ihn, warum er so viel rede. «Damit sie eine Zeitlang aufhören, mir zuzujubeln und zu applaudieren.»
Ich, Alina – Mein Leben als Fidel Castros Tochter, 1999

Marita Lorenz (Geliebte Castros 1959)
Fidel war überfordert mit seiner Arbeit. Er war besessen davon, Kuba in ein Paradies zu verwandeln. Aber ihm fehlte es an Disziplin und Diplomatie. Er wurde völlig von seinen Gefühlen beherrscht und plante für einen Tag im voraus. Jedes Problem, das sich ihm in den Weg stellte, packte er sofort an. Immer wieder verzettelte er sich, denn er war der Einzige, der entschied. Das Volk brauchte ihn,

und er wusste um seine Macht über die Menschen.
Lieber Fidel – mein Leben, meine Liebe, mein Verrat, 2002

Marita Lorenz

Fidel hasste Ungerechtigkeit, Korruption, Drogen, Prostitution und fühlte sich schuldig, weil er selbst aus einer Ausbeuterfamilie stammte. Nach der Revolution war die Farm seines Vaters die erste, die enteignet wurde. Sein älterer Bruder Ramón protestierte dagegen, und Fidel ließ ihn für eine Zeit lang einsperren. Die Familie war nach der Revolution endgültig zerrüttet. Er sprach so gut wie nie über seine Familie.
Lieber Fidel – mein Leben, meine Liebe, mein Verrat, 2002

Arturo Arango

In Kuba sind, um ein Beispiel zu geben, die meistverwendeten Wörter Opfer und Heldentum. Seit mehr als vierzig Jahren leben wir in einem Zustand von Exaltation: Jeden Tag eine Kriegsbedrohung und jeden Tag der Aufruf, eine Heldentat zu vollbringen, eine Schlacht zu liefern, Opfer zu bringen. All dies führt zu einer Einschränkung unserer Freiheit.
Ein Kubaner über Castros Kuba, in: Frankfurter Rundschau, 2. September 2003

Leycester Coltman

Es wurde bald offenkundig, dass sein Charakter und sein Lebenswandel für das Eheleben in hohem Maße ungeeignet waren. Wie so viele idealistische und charismatische Persönlichkeiten war er zugleich ungeheuer egozentrisch. Er konnte eine unbändige Wut angesichts der Geknechteten und Unterdrückten im Allgemeinen empfinden und gleichzeitig die Gefühle der Menschen, die ihm unmittelbar nahestanden, ignorieren.
Aus: «Der wahre Fidel Castro» The real Fidel Castro, 2003

Gabriel García Márquez

Sein Privatleben ist sehr privat. So hat er mir auch nie seine Frau vorgestellt. Ich kenne sie lediglich, weil sie eines Tages in Fidels Flugzeug auf mich zugekommen ist und sich selbst vorgestellt hat. Ich weiß nicht, ob das stimmt, doch hier sagt man, Fidel habe sie nicht einmal seinem Bruder Raúl vorgestellt. Ich glaube Fidel besser zu kennen als viele andere Leute, und ich empfinde mich als sein wahrer Freund – aber wie ist der Privatmann? Ich glaube, das weiß niemand.
Harald Imberger, Gabriel García Márquez, 2005

Jorge Edwards

Fidel ist ein Mann der halben Stunden und stundenlangen Verspätungen. Andererseits konnte sich ein Treffen mit ihm, für das fünfzehn Minuten vorgesehen waren, im Eifer des Gesprächs, wenn er sich für den Menschen oder das, was er repräsentierte, interessierte oder begeisterte, auf einen ganzen Nachmittag oder zwei Tage ausdehnen.
Persona non grata, 2006

BIBLIOGRAPHIE

Bibliographien, Nachschlagewerke

Mesa-Lago, Carmelo: Revolutionary Change in Cuba. Pittsburgh 1971
Nohlen, Dieter (Hg.): Lexikon Dritte Welt. Hamburg 2000

Anthologien

Annino, Antonio: Kuba; in Walther L. Bernecker (Hg.): Handbuch der Geschichte Lateinamerikas, Kuba. Stuttgart 1996, S. 483 – 566
Chomsky, Aviva (Hg.): The Cuba Reader, History, Culture, Politics. Durham / London 2003
Ette, Ottmar und Martin Franzbach (Hg.): Kuba heute. Frankfurt a. M. 2001
Handbuch der Dritten Welt, Bd. 3. Hamburg 1992, S. 471 – 506

Reden und Schriften

Castro, Fidel: Discursos de Fidel en los aniversarios de los CDR 1960 – 1967. La Habana 1968
Castro, Fidel: Unsere Stärke liegt in der Einheit. Berlin 1973
Castro, Fidel: La historia me absolverá. La Habana 1973
Castro, Fidel: Our Labor Movement was never as solid as it is now! La Habana 1974
Castro, Fidel: Radioansprache nach dem Einmarsch der Rebellenarmee in Santiago de Cuba. Frankfurt a. M., Band Nr. 78 U 3605 / 1, Deutsches Rundfunkarchiv
Castro, Fidel: Bundesvorstand des SDS (Hg.): Fernsehrede des Kommandanten Fidel Castro, um die Ereignisse in der ČSSR zu analysieren. Berlin 1968, S. 26

Lebenszeugnisse: Briefe, Tagebücher, Interviews

Betto, Frei: Nachtgespräche mit Fidel. Freiburg / Schweiz 1986
Castro, Fidel: Un grano de maiz. Conversación con Tomás Borge. La Habana 1992
Castro, Fidel, mit Ignacio Ramonet: My Life. A spoken Autobiography. London 2007
Miná, Gianni: Un encuentro con Fidel. La Habana 1988

Biographien

Bourne, Peter G.: Fidel Castro. Düsseldorf 1986
Coltman, Leycester: Der wahre Fidel Castro. Düsseldorf / Zürich 2005
De Villa, José, und Jürgen Neubauer: Máximo Líder. Fidel Castro. Eine Biographie. Düsseldorf 2006
Erazo-Heufelder, Jeanette: Fidel. Ein privater Blick auf den Máximo Líder. Frankfurt a. M. 2004
Fernández, Alina: Ich, Alina – Mein Leben als Fidel Castros Tochter. Reinbek 1999
Fuentes, Norberto: Die Autobiographie des Fidel Castro. München 2006
Garibaldi, Luciano: Fidel Castro. O. O. (White Star Verlag) 2007
Gratius, Susanne: Fidel Castro. München 2005
Hagemann, Albrecht: Fidel Castro. München 2002
Hagen, Waltraud, und Peter Jacobs: Fidel Castro. Eine Chronik. Berlin 2006
Huhn, Klaus: Compañero Castro. Auf Kubas steinigem Weg. Berlin 1996
Leonard, Thomas M.: Fidel Castro. A Biography. Westpoint / Connecticut o. J.
Quirk, Robert E.: Fidel Castro. Die Biographie. Berlin 1996
Skierka, Volker: Fidel Castro. Eine Biographie. Berlin 2001

Szulc, Tad: Fidel. A Critical Portrait. New York 1986

Über Fidel Castro

Fürntratt-Kloep, Ernst F.: Unsere Herren seid Ihr nicht! Das politische Denken des Fidel Castro. Köln 2000
Halperin, Maurice: The Taming of Fidel Castro. Berkeley / Los Angeles 1981
Hanf, Walter: Castros Revolution. Der Weg Kubas seit 1959. München 1989
Herzka, Alfred: Kuba. Abschied vom Kommandanten? Frankfurt a. M. 1998

Über Kuba, Lateinamerika und die USA

Aguilar, Luis E.: Cuba 1933. Prologue to Revolution. Ithaca / London 1972
Alves, Marcio M.: Erster beim Sterben, letzter beim Essen. Kuba – Eine Arbeiterfamilie erzählt. Reinbek 1975
Aranda, Sergio: La revolución agraria en Cuba. Mexiko 1968
Barnet, Miguel: Alle träumten von Cuba. Frankfurt a. M. 1981
Boorstein, Edward: The economic Transformation of Cuba. New York / London 1968
Breuer, Wilhelm M.: Sozialismus in Kuba. Zur politischen Ökonomie. Köln 1973
Brezinski, Horst: Die Auswirkungen des Zusammenbruchs des Sozialismus in Osteuropa auf die Wirtschaft Kubas. Möglichkeiten der Anpassung; in Rafael Sevilla und Clemens Rode: Kuba – Die isolierte Revolution? Unkel / Rhein 1993
Brundenius, Claes: Development Strategies and Basic Human Needs; in Philip Brenner u. a. (Hg.): The Cuba Reader. The Making of a Revolutionary Society. New York 1989
Burchardt, Hans-Jürgen: Kuba. Im Herbst des Patriarchen. Stuttgart 1999
Castro, Raúl: Bodies of People's Power. La Habana 1981
Center for Cuban Studies: The U. S. Blockade. A Documentary History. New York 1979
Dumont, René: Is Cuba Socialist? London 1974
Enzensberger, Hans Magnus: Das Verhör von Habana. Frankfurt a. M. 1981
Etges, Andreas: John F. Kennedy. München 2003
Fabian, Horst: Der kubanische Entwicklungsweg. Opladen 1981
Foner, Philip S.: The Spanish-Cuban-American War and the Birth of American Imperialism, Bd. II 1895 – 1902. New York / London 1972
Gellman, Irwin F.: Good Neighbor Diplomacy. United States Policy in Latin America, 1933 – 1945. Baltimore / London 1979
Gott, Richard: Cuba. A New History. Haven / London 2004
Guevara, Ernesto Che: Aufzeichnungen aus dem kubanischen Befreiungskrieg 1956 – 1959. Reinbek 1969
Hell, Jürgen: Geschichte Kubas. Berlin 1989
Henn, Albrecht, und Martin Schmidt: Nach dem Vorbild Ches. Das Gesundheitssystem; in Willi Huismann und Hans Jürgen Kröger (Hg.): Cuba. Ein politisches Reisebuch. Hamburg 1985
Hoffmann, Bert: Kuba. München 2000
Ignacio Taibo II, Paco: Che. Die Biographie des Ernesto Guevara. Hamburg 1997
Krämer, Raimund: Der alte Mann und die Insel. Essays zu Politik und Gesellschaft in Kuba. 2. Aufl. Berlin 2002

Lockwood, Lee: Castros Kuba, Kubas Fidel; in Giangiacomo Feltrinelli (Hg.): Lateinamerika. Ein Zweites Vietnam? Reinbek 1968

Martí, José: El autor intellectual. La Habana 1983

Meneses, Enrique: Fidel Castro. Beschreibung einer Revolution. München / Esslingen 1968

Merle, Robert: Moncada. Fidel Castros erste Schlacht. Berlin 1983

Morais, Fernando: Die Rote Insel. Kuba heute. Wuppertal 1978

Niess, Frank: Kuba 1968 – 1976: Moral, Produktion und Verfassung in einer Übergangsgesellschaft; in: Vierteljahresberichte, Forschungsinstitut der Friedrich Ebert Stiftung Nr. 66. Bonn 1976

Niess, Frank: 20mal Kuba. München / Zürich 1991

Niess, Frank: Die drei Blockaden Kubas. Blätter für Deutsche und Internationale Politik. Bonn 1992

Niess, Frank: Che Guevara. 3. Aufl. Reinbek 2007

Sarabia, Nydia: Moncada. Biografía de un cuartel. La Habana 1983

Schäfer, Horst: Im Fadenkreuz: Kuba. Der lange Krieg gegen die Perle der Antillen. 2. Aufl. Berlin 2004

Schnelle, Kurt: José Martí. Apostel des freien Amerika. Köln 1981

Schuhler, Conrad: Die unmögliche Revolution; in Wolfgang Schneider (Hg.): Kuba libre. Eine Insel spielt nicht mit. Hamburg 2002

Sklar, S. Barry: Cuban Exodus 1980. The Context; in Philip Brenner, William M. LeoGrande, Donna Rich und Daniel Siegel (Hg.): The Cuba Reader. New York 1989

Stahl, Karin: Kuba – eine neue Klassengesellschaft? Heidelberg 1987

Sweezy, Paul M., und Leo Huberman: Sozialismus auf Kuba. Frankfurt a. M. 1970

Thomas, Hugh: Castros Cuba. Berlin 1985

Über den Autor

Frank Niess, geb. 1942 in Blankenfelde bei Berlin. Studium der Germanistik, Geschichte und Politikwissenschaft in Bonn und Heidelberg. Bis Juni 2003 Wissenschaftsredakteur beim Südwestrundfunk. Lebt in Mannheim. Frühere Veröffentlichungen: «Der Koloss im Norden. Geschichte der Lateinamerikapolitik der USA», 2. Auflage 1986. «Das Erbe der Conquista. Geschichte Nicaraguas», 2. Auflage 1989. «Sandino. Der General der Unterdrückten. Eine politische Biographie», 1989. «20mal Kuba», 1991. «Am Anfang war Kolumbus. Geschichte einer Unterentwicklung. Lateinamerika 1492 bis heute», 2. Auflage 1992. «Eine Welt oder keine. Vom Nationalismus zur globalen Politik», 1994. «Die europäische Idee. Aus dem Geist des Widerstands», 2. Auflage 2002. Bei Rowohlt erschien 2003 die Monographie über Che Guevara (rm 50 650), 3. Auflage 2007.

Quellennachweis der Abbildungen

© Françoise de Mulder / CORBIS: Umschlagvorderseite
ullstein bild, Berlin: 1+3 (Roger-Viollet), 7 (AP), 15 (AP), 27 (dpa), 29 (Roger-Viollet), 41 (Roger-Viollet), 45 (AP), 49 (Roger-Viollet), 52 oben (Roger-Viollet), 52 unten, 54 (Granger Collection), 56 (AP), 59, 64, 68 (Imagno), 72 (Roger-Viollet), 80 (AP), 86 (Liebe), 88 (akg), 94 (Reuters), 95 (Jung), 99 (amw Pressedienst), 103 (AP), 112 (Reuters), 125 (Roger-Viollet), 135 (Reuters), 137 (AP), 138 (AP), 139 (Reuters), 140 (Meißner)
Aus: Alina Fernández: Ich, Alina. Mein Leben als Fidel Castros Tochter. Reinbek 1999: 13, 11 (2)
Sammlung des Autors: 8
Aus: Volker Skierka: Fidel Castro. Eine Biographie. Berlin 2001: 16 (National Archives and Records Administration, College Park, MD)
Süddeutsche Zeitung Photo, München / Rue des Archives: 21, 66
Foto Frank Niess: 37, 39, 71, 108, 109, 115, 129, 133
Kent / Camera Press / PICTURE PRESS, Hamburg: 77
Aus: Che. Der Traum des Rebellen. Hg. von Fernando Diego García und Oscar Sola. Berlin 1997: 123
dpa Picture-Alliance, Frankfurt a. M.: Umschlagrückseite (2)

Trotz sorgfältiger Recherchen konnten nicht alle Rechteinhaber ermittelt werden. Der Verlag ist bereit, berechtigte Ansprüche in üblicher Weise abzugelten.

S 25/3

rowohlts monographien

Politik und Geschichte

Anne Frank
Matthias Heyl
rororo 50524

Kemal Atatürk
Bernd Rill
rororo 50346

Friedrich II. der Große
Georg Holmsten
rororo 50159

Adolf Hitler
Harald Steffahn
rororo 50316

Katharina die Große
Reinhold Neumann-Hoditz
rororo 50392

Willy Brandt
Carola Stern
rororo 50576

August der Starke
Katja Doubek
rororo 50688

Napoleon
Volker Ullrich
rororo 50646

Marco Polo
Otto Emersleben
rororo 50473

Mahatma Gandhi
Susmita Arp

rororo 50662

Weitere Informationen in der Rowohlt Revue *oder unter* www.rororo.de